Umwelthinweis: Gedruckt auf chlorfrei gebleichtem Papier
Herausgeber: Polyglott-Redaktion
Verfasser: Jens-Uwe Kumpch
Lektorat: Ilse Müller-von Werder
Art Direction: Illustration & Graphik Forster GmbH, Hamburg
Karten und Pläne: Huber. Kartographie
Titeldesign-Konzept: V. Barl

Wir danken den lokalen Fremdenverkehrsämtern für die uns bereitwillig gewährte Unterstützung.

Ergänzende Anregungen, für die wir jederzeit dankbar sind, bitten wir zu richten an:
Polyglott-Verlag, Redaktion, Postfach 40 11 20, D-80711 München.

Alle Angaben wurden sorgfältig geprüft. Dennoch kann eine Gewähr für Vollständigkeit und Richtigkeit nicht übernommen werden.

Zeichenerklärung

- ❶ Informationsbüro/Fremdenverkehrsamt
- ⓒ Öffnungszeiten
- ✈ Flugverbindungen
- 🚂 Eisenbahnverbindungen
- 🚢 Schiffsverbindungen
- ⓗ Hotels
- $⟫ 750–1200 Kronen (pro DZ mit Frühstück für 2 Personen)
- $⟩ 500–750 Kronen
- $ unter 500 Kronen
- △ Hütten und Campingplätze
- ⓡ Restaurants
- $⟫ über 150 Kronen (für ein Menü ohne Getränke)
- $⟩ 100–150 Kronen
- $ unter 100 Kronen

Routenpläne

- ——①—— Route mit Routenziffer
- ═══ Autobahn, Schnellstraße
- ——— sonstige Straßen, Wege
- —·—·— Staatsgrenze, Landesgrenze
- – – – – National-, Naturparksgrenze

Stadtpläne

- ▓▓▓ Durchgangsstraße
- ——— sonstige Straßen
- ▒▒▒ Fußgängerzone
- ═══ Fußweg

Erste Auflage 1995

Redaktionsschluß: November 1994
© 1995 by Polyglott-Verlag Dr. Bolte KG, München
Printed in Germany
ISBN 3-493-62717-3

Polyglott-Reiseführer

Norwegen

Jens-Uwe Kumpch

Polyglott-Verlag München

Allgemeines

Editorial .... S. 7
Land der Superlative .... S. 8
Geschichte im Überblick .... S. 20
Kultur gestern und heute .... S. 21
Essen und Trinken .... S. 24
Urlaub aktiv .... S. 26
Unterkunft .... S. 30
Reisewege nach und in Norwegen .... S. 32
Praktische Hinweise von A–Z .... S. 93
Register .... S. 95

Städtebeschreibungen

Oslo – Norwegens Hauptstadt – fast eine europäische Kleinstadt   S. 35
Kultur und Freizeit in herrlicher Natur werden großgeschrieben in einer Stadt, die so gern Metropole wäre.

Bergen – „Ich bin nicht aus Norwegen, ich bin aus Bergen"   S. 41
Die Hauptstadt von Fjordnorwegen hält an alten Traditionen und einer reichen Geschichte fest, doch der Blick aufs Meer geht in Richtung Zukunft.

Kristiansand – Seglermetropole und Schärengarten   S. 46
Klein, aber fein – wer hier wohnt, liebt Freizeit und Genuß am Meer.

Trondheim – Das Herz von Mittelnorwegen   S. 48
Versteckter Charme und offene Betriebsamkeit – und eine reiche Geschichte in der Domstadt.

Tromsø – „Paris des Nordens" und „Tor zum Eismeer"   S. 52
Gastfreundlichkeit total – wenn die weißen Nächte in die Stadt einkehren, zeigt sich erst so recht, daß die Tromsøer zu leben verstehen.

Routen

Route 1  **Im Land der Fjorde und Fähren**   S. 54
Von Stavanger nach Trondheim. Weltoffenheit am Meer, Gottesfurcht im Inland. Dazwischen das mächtige Ineinander von Fjorden, Bergen und Gletschern.

Route 2 **Von Ost nach West**   S. 61
Von der wirklichen Hauptstadt zur heimlichen Hauptstadt, von der urnorwegischen Telemark in die Bergwelt und hinunter in blühende Fjordlandschaften.

Routen

Route 3  **Flaches Land und weite Täler** S. 66

Feld, Wald und Wiesen, Industriestädte an Strömen und Seen. Der norwegische Osten mit seinem stabilen Klima lockt Rad- und Fußwanderer, aber auch Alpinsportler.

Route 4 **Vom Südkap zum Westkap** S. 70

Ein topographischer Querschnitt durch Südnorwegen: Schärenküste, dichte Wälder, Vidda, Fjord und Gletscherland – das Ziel ist der Blick auf die unzähmbare Nordsee.

Route 5 **Ins Hochgebirge** S. 76

Rucksack und Wanderstiefel gehören ins Gepäck. Die Fahrt von Oslo nach Ålesund führt in die Bergwelt der Zweitausender und vorbei an grün leuchtenden Gletscherseen.

Route 6  **Lichter der Großstadt – Licht der Lofoten** S. 80

Norwegen der Länge nach zu durchqueren ist allein schon ein Urlaub, und wer zu häufig Rast macht, wird die Lofoten aufs nächste Mal verschieben müssen.

Route 7 **Helgeland – Landschaft der Superlative** S. 86

Zehntausend Holme und Inseln, sagenumwobene Berggipfel und herzliche Menschen. Hier müssen lange Strecken per Fähre zurückgelegt werden, doch wen stört das.

Route 8 **Die unendliche Nordkalotte** S. 89

Eine Route mit großen Sprüngen – auch in die Geschichte eines Landesteils, der zu spannenden Begegnungen mit fremden Kulturen und Lebensweisen einlädt.

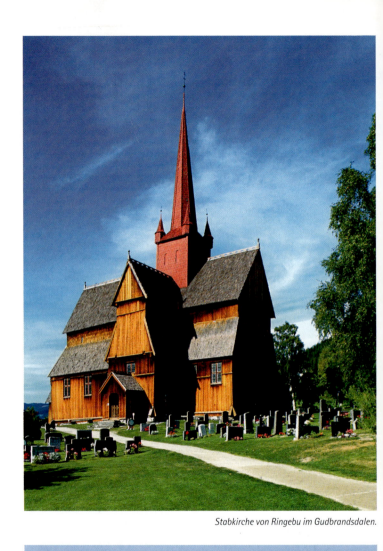

Stabkirche von Ringebu im Gudbrandsdalen.

Fremde Kulturen kennenlernen und gastfreundlichen Menschen begegnen – wie sehr genießen wir das auf Reisen. Zu Hause bei uns jedoch wird mancher Ausländer von einer kleinen Minderheit beschimpft, bedroht und sogar mißhandelt. Alle, die in fremden Ländern Gastrecht genossen haben, tragen hier besondere Verantwortung. Deshalb: Lassen Sie es nicht zu, daß Ausländer diffamiert und angegriffen werden. Lassen Sie uns gemeinsam für die Würde des Menschen einstehen.

Verlagsleitung und Mitarbeiter des Polyglott-Verlages

Editorial

Idylle mit bunten Fischerhäuschen auf den Lofoten.

Land der Mitternachtssonne, Heimat der Wikinger, Wiege des Skisports und Energiesupermacht Westeuropas – Norwegen zwischen gestern und morgen, eine großartige Natur als Hintergrund für eine moderne Industrienation. Das Land zwischen dem Kap Lindesnes und dem Nordkap ist geprägt von einer Vielfalt, die zu erkunden Jahre erfordert. Die Norweger sind stolz auf ihr Land, ohne diesen Stolz übertrieben herauszustellen. Große Worte und Arroganz sind ihnen fremd.

Sieht man einmal von den räuberischen Wikingern oder waghalsigen Polarexpeditionen ab, sind Geschichte und Gegenwart der beste Beweis dafür, daß man es hier mit friedlichen, ja in sich gekehrten Menschen zu tun hat, in deren Hauptstadt nicht ohne Grund alljährlich der Friedensnobelpreis verliehen wird.

Eine Reise in dieses gewaltige Land ist eine körperliche Herausforderung der angenehmen Art. Die Besucher erwartet nicht nur das Erlebnis einer großartigen Natur, Norwegen ist auch ein Schritt zurück in die Ursprünglichkeit, in der Menschen sich immer als einen Teil der Natur begreifen. Wer nach Norwegen fährt, wird sich beschränken und gedulden müssen – beschränken auf kleine Ausschnitte aus einer landschaftlichen Vielfalt, wie es sie in Europa kein zweites Mal gibt, gedulden mit den Einwohnern, die zu den Launen der Natur immer ein unkomplizierteres Verhältnis gehabt haben als zu fremden Menschen. Norwegen kennenzulernen ist ein Langzeitprojekt. „Lust auf mehr" sollte bei einem Norwegen-Urlaub nicht das Ziel sein. Eher schon „Lust auf etwas anderes" – und davon gibt es hier auf Jahre hinaus genug.

Der Autor

Jens-Uwe Kumpch studierte in Kiel und Bergen Skandinavistik und lebt seit 1987 in der „Hauptstadt der Fjorde". Er war längere Zeit als Sprachlehrer tätig. Heute ist er in einem Übersetzerbüro in Bergen angestellt. Außerdem schreibt er Artikel für deutsche und norwegische Zeitungen und Beiträge für Reisehandbücher über seine Wahlheimat Norwegen.

Land der Superlative

Lage und Landschaft

Ein Blick auf die Europakarte genügt: Der westliche Teil der skandinavischen Halbinsel streckt sich wie Kopf und Rücken eines Tigers von Südwesten nach Nordosten, ist umgeben von Skagerrak, Nordsee und Nordmeer und wird im südlichen Teil von einer mächtigen Gebirgskette durchzogen, während im nördlichen Teil die riesige Hochebene Finnmarksvidda dominiert, die von Mooren und zahllosen kleinen Seen bedeckt ist. Der Nordrand Europas also, doch hier eine Grenze zu ziehen, wäre falsch. Die Inselgruppen Jan Mayen, Svalbard (Spitzbergen) und die Bäreninseln gehören dazu, 300 km² Antarktis nicht zu vergessen, Ein Drittel Norwegens liegt nördlich des Polarkreises. Der Reichtum des Landes wird aus einem Gebiet gefördert, das viermal größer als das Festland und als Kontinentalsockel bekannt ist.

Svalbard – Im Reich der Eisbären

Dunkelheit von Oktober bis Februar, Temperaturen, die sich eigentlich nur von Juni bis August über 0 °C halten – allerdings dank der Ausläufer des Golfstroms selten unter –20 °C fallen – eine Gesamtfläche von 62 700 km², der größte Teil davon von einer massiven Eisschicht bedeckt. Die Inselgruppe Svalbard mit der Hauptinsel Spitzbergen ist eines der faszinierendsten, aber auch eines der empfindlichsten Reiseziele Europas, und nichts könnte dieser arktischen Landschaft mit ihrer seltenen Flora mehr schaden als Massentourismus.

Die steil aufragenden spitzen Gipfel im Westen und das Hochplateau im Osten haben weder Menschen noch Tiere noch Pflanzen davon abgehalten, hier Fuß zu fassen. Dies ist das Reich der Polarfüchse und Eisbären, und noch heute ist es verboten, die Ortschaften allein und unbewaffnet zu verlassen. Die Fortbewegung zu Land ist nur im kurzen Sommer möglich, erfordert jedoch auch dann eine gute Kondition, gute Ausrüstung und Kenntnisse über die meteorologischen Bedingungen auf den Inseln. Viermal wöchentlich wird Longyearbyen von Tromsø aus angeflogen, und schon die Flugreise ist, wenn nicht gerade durch Nebel beeinträchtigt, ein unvergeßliches Erlebnis.

Daß überhaupt Menschen auf Svalbard wohnen, ist auf die großen Kohlevorkommen zurückzuführen, die hier seit den 30er Jahren von Norwegern und Russen abgebaut werden. Schon im 17. und 18. Jahrhundert lief man von Svalbard zur Wal- oder Walroßjagd aus, doch bis 1920 gab es keine internationalen Vereinbarungen darüber, wer die Naturschätze in diesem Teil des nördlichen Eismeeres ausnutzen durfte. Im Svalbard-Abkommen von 1920 erhielt Norwegen die Souveränität über den größten Teil der Inselgruppe. Hier gilt norwegisches Gesetz, und der sogenannte „Sysselmann von Svalbard" ist der verlängerte Arm der norwegischen Regierung. Er hat seine Amtssitz in der „Hauptstadt" Longyearbyen (1200 Einw.). Longyearbyen und die drei anderen Dörfer leben vom Kohlebergbau. Barentsburg und Pyramiden sind russische Bergbausiedlungen, und auch wenn es immer mal wieder politische Spannungen zwischen den Norwegern und Russen auf Svalbard gegeben hat, hat man doch hier hoch oben im Norden gutnachbarliche Beziehungen entwickelt.

LAND DER SUPERLATIVE

Die Hauptstadt Oslo liegt auf 60° nördlicher Breite, Hammerfest, die nördlichste Stadt der Welt, bietet dem Nordmeer auf gut 70° nördlicher Breite die Stirn. Die endlos lange Westküste wird dank des Golfstroms bis weit nördlich von Tromsø das ganze Jahr über aufgeheizt und eisfrei gehalten, dafür aber von Hunderttausenden Inseln, Holmen und Schären gleichsam belagert, was der Schiffahrt bei Sturm so manche Schwierigkeit bereitet.

Ein Land der Superlative: Die Nord-Süd-Küstenstrecke beträgt 2650 km – die zahlreichen Fjorde nicht mitgerechnet –, weshalb der Wetterbericht im norwegischen Fernsehen immer ein bißchen länger dauert. Es gibt außer Wüste alle nur denkbaren Landschaften – und die regenreichsten Regionen Europas. Gebirge, Gletscher, Hochebenen, Wälder, das Meer, die Seen und Flüsse, etwas Ackerland – und ein Himmel, der der Landschaft je nach Tageszeit und Wetterlaune sozusagen die Krone aufsetzt.

Das norwegische Landschaftsmenü bietet einzigartige Varianten: Felsen, die sich 600 m senkrecht in einen Fjord zu stürzen scheinen, eine blühende Hochmoorlandschaft nur 300 m über dem Meeresspiegel, eine karstige Vidda (Hochebene) oder einen Wasserlauf, der nach jahrtausendelanger Arbeit in zähem Schiefergestein mit einem freien Fall aus 200 m Höhe belohnt wurde; einen Gletscher, der stolz aus dem Gebirge herausragt, eine Schäre, die nur dann und wann ans Licht darf und im Winter von mächtigen Wellen unter Wasser gedrückt wird. „Sommernächte, einsame Seen und unendlich stille Wälder. Kein Laut, kein Fußtritt auf den Wegen, mein Herz war voll wie von dunklem Wein." Knut Hamsuns Leutnant Glahn sagt dies in der Erzählung „Pan", und auch heute noch kann jeder dieses Bild in der Weite der norwegischen Natur wiederfinden. Weit oben

Polyglott **9**

LAND DER SUPERLATIVE

im Norden Europas ist es noch möglich, unbeschwert in die Einsamkeit einzutauchen.

Im Prinzip das ganze Jahr, aber ... – Klima und Reisezeit

Das Wetter ist bei Norwegern ein allzeit passender Gesprächsstoff, und wenn die Wetterwechsel der letzten Tage und die Erwartungen für den Rest der Woche gründlich besprochen sind, lassen sich problemlos noch einige Bemerkungen über den Wetterbericht für die entfernteren Landesteile anbringen. Es scheint, als ob die Norweger für die Launen der Natur mehr Interesse als für das eigene Wohlbefinden zeigten. Wie schön, daß es nur schlechte Kleidung, nicht aber schlechtes Wetter gibt. Die Wanderausrüstung kann ihre Haltbarkeit beweisen, das Campingauto seine Straßenhaftung – und die Norwegen-Liebhaber können ihre Geduld demonstrieren.

Mit dem Klima ist es wie mit dem Landschaftsbild: Es wechselt ständig, doch irgendwo in Norwegen ist immer ein „richtiger Sommer". Die Nordnorweger werden noch lange vom 93er Sommer reden, die Westnorweger erinnern sich nur zu gern an den 92er, während der 91er nur die Hauptstädter zufriedenstellte. Wieder ist Vielfalt wichtigstes Kennzeichen, doch gibt es für Sommer wie Winter einige Grundregeln.

Natürlich wird es nach Norden hin immer kälter, und selten klettern die Temperaturen in der Finnmark über 20 °C, während sie in den Wintermonaten unter -30 °C fallen. Der Golfstrom hingegen sorgt dafür, daß die Temperaturunterschiede an der Küste übers Jahr gesehen gar nicht so gewaltig ist: Dafür regnet es eben häufiger.

Östlich der Hardangervidda, des Jotunheimen, des Dovrefjell-Gebirges oder auch des Saltfjell-Gebirges im schmalen Nordteil des Landes erscheint die Natur beim ersten Hinsehen weniger vielfältig, das Klima hingegen stabiler; hier unterscheiden sich die Jahreszeiten deutlicher als im Westen. Die Berge östlich der Fjorde bilden die Wasserscheide, an der die Wolken sich abregnen. Deshalb hält das Dörfchen Brekke am Südufer des Sognefjords einen feuchten Rekord: Annähernd 1200 mm Regen im Laufe eines Herbstmonats sind Europarekord und schlagen aufs Gemüt. In der östlichen Finnmark hingegen erreicht die äußerst trockene Kälte Temperaturen bis zu 50 Minusgrade, was natürlich in Brekke völlig undenkbar ist.

Wer mit relativ stabilen Temperaturen zwischen 15 und 20 °C und ab und zu Regen zufrieden ist, sollte zwischen Mai und August nach Norwegen reisen. Der norwegische Frühling ist nur kurz; Pflanzen und Blätter verwandeln die Landschaft in einen wahren Farbenteppich und verdrängen den letzten Schnee, der sich aber in höheren Lagen wie z. B. auf der Hardangervidda noch bis zur Mittsommernacht hält. Spätestens dann jedoch kehrt der Sommer ein: die Zeit der Lagerfeuer an den Stränden, der Übernachtungen unter freiem Himmel und der Angelfahrten aufs offene Meer hinaus. Selbst an Nordnorwegens Sandstränden kann man dann braun werden – Baden ist allerdings bei Wassertemperaturen um die 12 °C nicht zu empfehlen.

Wenn die Norweger mit Gummistiefeln und Eimer ausgerüstet die köstlichen Blau- und Himbeeren, Preiselbeeren und schließlich die in höheren Lagen reifenden Moltebeeren pflücken gehen, dann ist Herbst. Das ist vielen Norwegern die liebste Jahreszeit. Der Herbst ist nur kurz, doch Jäger, Angler und Wanderer zieht es Jahr für Jahr in die Berge und Wälder, wenn Gräser und Bäume den kalten Nächten nachgeben müssen und in einem letzten Aufbäumen ihr phantastisches Farbenspiel entfalten. Mit jedem Tag rückt nun die Dunkelheit näher, und die Ruhe in der Landschaft wird nur von den Gewehrschüssen der Jäger gestört.

November bis Januar sind die Monate für die Verwegenen und die „Nur"-Skiläufer. Die Tage sind kurz, die Temperaturen liegen besonders in höheren Lagen ständig unter dem Gefrierpunkt, und in den meisten Gasthäusern kann man für wenig Geld einen Urlaub ganz allein mit dem Personal verbringen.

Von Ende Februar bis Ende April ist Skisaison. Präparierte Loipen, die sich durch dichte Birkenwälder ziehen oder in die schier unendliche Weite einer Hochebene hineinführen, die von der immer höher kletternden Sonne in gleißendes Licht getaucht wird, locken die Langläufer zu Tausenden an.

Aber auch wenn alle Norweger in den Winter- und Osterferien in die Skizentren einfallen, hat man als Langläufer in der Weite der Landschaft noch das Gefühl, allein sein zu dürfen. Und wer von der Enge eines Alpenskiortes die Nase voll hat, kann sich auch in Norwegen alpin austoben – Hemsedal, Lillehammer und Geilo in Südnorwegen, aber auch Narvik in Nordnorwegen sind Zentren, die mittlerweile auch auf dem Kontinent einen guten Ruf haben.

Natur pur – Fauna und Flora in arktischen Breiten

Blühende Rhododendren an der Westküste, Orchideen im Hochgebirge und Kiefernwälder noch kurz vor dem Nordkap. Auch in Europas nördlichem Hinterhof hält die Natur für Menschen, die sich für Flora und Fauna begeistern, Überraschungen parat, doch der Gesamteindruck deckt sich mit den Erwartungen: Das arktische Klima mit seinen langen Wintern hält Pflanzen und Bäume im Zaum. Hochebenen, die im Jahr gerade sechs Wochen schneefrei sind, oder Baumgrenzen bis hinunter auf 300 Meter machen es Pflanzen und Tieren nicht leicht – und dennoch ist Norwegen eine wahre Schatzkiste für Ornithologen und Botaniker.

Erst 3000 Jahre vor unserer Zeitrechnung war die letzte große Eiszeit end-

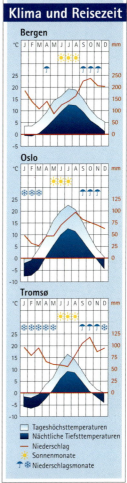

LAND DER SUPERLATIVE

gültig vorbei. Dank einer kräftigen Klimaverbesserung entwickelte sich in Norwegen eine vielfältige Vegetation. Die Baumgrenze stieg um einige hundert Meter an, und Kiefern- und Birkenwälder bedeckten Dreiviertel der norwegischen Gebirge – ideale Bedingungen für die Tiere, die den Rentieren folgten: Wölfe und Vielfraße. In den Wäldern breiteten sich Bären, Luchse, Marder, Elche, Hirsche und Biber aus. Doch auch der Mensch begann die Vegetation in den Wäldern zu nutzen.

Der große Sprung in die Gegenwart zeigt, daß es in Norwegen fast zwei Millionen Schafe und 200 000 zahme Rentiere gibt. Besonders in den 50er und 60er Jahren wurde im großen Stil Jagd auf Bären, Wölfe, Vielfraße und Luchse gemacht, bevor sehr strenge Schutzbestimmungen die Restbestände retteten. Diese seltenen Raubtiere sind nun nach Ost- und Nordnorwegen zurückgekehrt, doch haben sie Schwierigkeiten, sich gegen die Schafzüchter und deren Herden zu behaupten.

Die Schutzbestimmungen für Elche und Biber haben zu einem stabilen, teilweise sogar zu großen Bestand geführt, bei den anderen bedrohten Tierarten kann der uralte Konflikt zwischen vier- und zweibeinigen Jägern nur durch das Eingreifen des Umweltministeriums kontrolliert werden.

Die ganze norwegische Küste entlang gibt es Vogelinseln, die Jahr für Jahr Millionen von Papageitauchern, Lummen, Alken und Kormoranen, aber auch mehr und mehr Menschen, Einheimische wie Touristen, anlocken. Zum Glück haben die Vogelschützer vor Ort für Schonzeiten und sichere Abstände zu den Nistplätzen gesorgt, so daß die Vögel ihr Brutgeschäft in aller Ruhe tätigen können.

Ein gar nicht seltener Anblick ist der kreisende Seeadler – auf den Lofoten und Vesterålen ist nicht einmal ein Fernglas nötig, um den König der Lüfte aus der Nähe zu beobachten. Im Saltfjell-Gebirge und selbst in der Hardangervidda wurden in den letzten Wintern wieder Schnee-Eulen gesichtet, die in den regelmäßig wiederkehrenden Lemming-Jahren (Massenwanderungen auf der Suche nach günstigem Lebensraum in Jahren besonders starker Vermehrung) natürlich einen reich gedeckten Tisch vorfinden.

Daß auch die arktische Flora immer für Überraschungen gut ist, wird aufmerksamen Beobachtern nicht entgehen. Allzu leicht verführen spärlich bewachsene Hochebenen, riesige Seenplatten und faszinierende Gipfel dazu, den Blick in die Ferne und auf das nächste Fahrt- oder Wanderziel zu richten. Ein Blick nach unten offenbart jedoch Erstaunliches: Im Saltfjell-Gebirge nördlich des Polarzirkels beispielsweise sorgt ein kalkhaltiger Boden dafür, daß im kurzen Sommer inmitten riesiger Felder mit Silberwurz die seltene Lappenrose, eine wildwachsende Rhododendron-Pflanze, erblüht.

Bevölkerung, Religion und Sprache

Rechnet man die bewohnte Inselgruppe Svalbard mit, so leben in Norwegen knapp 4,3 Millionen Menschen – das sind gerade zehn Menschen pro Quadratkilometer. Natürlich gibt es sehr viele unbewohnbare Gebirgsregionen, doch bleibt für jeden Einwohner reichlich Platz, und in der Region Finnmark im äußersten Norden gibt es auch heute noch Siedlungen, die mehr als 100 Kilometer vom nächsten bewohnten Flecken entfernt liegen. Ganz anders sieht es im Süden aus: Um die Städte Oslo, Bergen, Stavanger und Trondheim herum ist es eng wie um manch eine deutsche Großstadt. 75 Prozent der norwegischen Bevölkerung leben in Städten oder deren Einzugsgebieten – und die sind in Südnorwegen besonders ausgeprägt. Dort leben fast 50 Prozent der Gesamtbevölkerung, während sich nur 14 Prozent die riesigen Flächen nördlich von Trondheim teilen. Eine Folge dieses deutlichen Süd-Nord-

LAND DER SUPERLATIVE

Fauna und Flora zu Fuß erkunden – zwei Naturparks

Die 21 Nationalparks in Norwegen umfassen bereits heute 22 000 km². Hinzu kommen Natur- und Landschaftsschutzgebiete, und wenn der Landschaftsplan von 1985 endgültig realisiert ist, werden etwa 10% des Landes unter Naturschutz stehen. Eine imponierende Fläche, die Einheimischen wie Touristen und Besuchern, vor allem aber der Fauna und Flora zugute kommt. Hinzu kommt, daß das Interesse der Energiegesellschaften an noch mehr Wasserkraft groß ist. Erst einmal eingerichtete Nationalparks sind jedoch vor einem Ausbau verschont. Norwegens Natur ist, je höher und je nördlicher man kommt, äußerst empfindlich. In den letzten Jahren eingerichtete Nationalparks wie das Saltfjell-Gebirge oder der Gletscher Jostedalsbreen sind damit auch Reaktionen auf den Wunsch, Wassermengen und große Gefälle zu nutzen.

Im Rondane-Gebirge östlich des Gudbrandsdalsen wurde 1962 der erste Nationalpark eingerichtet. Zehn über 2000 m hohe Gipfel überragen eine äußerst karge Vegetation; das trockene, kalte Klima und heller Sandstein hemmen das Wachstum, nur Flechten überziehen die Landschaft im Sommer mit einer braun-grünen Schicht. Dennoch ist Rondane ein stark besuchtes und familienfreundliches Wandergebiet mit markierten Wegen, und selbst Fünfjährige können hier, ohne physisch überfordert zu werden, ihre ersten Zweitausender besteigen. Sie lernen die Philosophie der norwegischen Naturschutzpolitik kennen: Die spärliche Vegetation kann durch einen einzigen Schritt auf viele Jahre zerstört werden, und anorganische Abfälle gefährden Erd- und Tierreich. Zudem sind motorisierte Fahrzeuge aus den Nationalparks verbannt. Viele Besucher müssen jedoch erst einige Kilometer weit gehen, um plötzlich festzustellen, daß sie eigentlich nur noch die absolute Stille hören.

2000 km weiter nördlich, im Dreiländereck zwischen Norwegen, Finnland und Rußland, liegt der blühende Nationalpark Pasvik. Im Pasvik-Tal wurden 63 km² zum Schutzgebiet erklärt. Wichtigster Grund dafür war die vielfältige Pflanzenwelt unter dem dichten Kiefernwald – eine blühende Oase nur wenige hundert Kilometer von der Barentssee entfernt. Ein gleichmäßig guter Niederschlag und nährstoffreiches Gestein sorgen in diesem Tal für ideale Wachstumsbedingungen. Im Zweiten Weltkrieg lockte der Wald im Pasvik-Tal nach Brennholz suchende Samen an. Sein Kahlschlag war die Folge. Doch heute ist ein ausgiebiger jährlicher Holzschlag wieder möglich.

Wer sich auf den Weg in diesen Nationalpark macht, wird einer seltenen landschaftlichen Vielfalt begegnen: Mächtige Täler, Seen und Wasserfälle, umsäumt von kräftigen alten Birken und Kiefern bilden eine eindrucksvolle Landschaftskulisse. Hier ist ein Paradies für Vögel, Elche und Vielfraße, und Norwegens größte Bärenkolonie ist hier herangewachsen. Begegnungen mit Braunbären sind nicht auszuschließen, und der Pfeifton eines fressenden Bären ist die Aufforderung, den langsamen, aber entschlossenen Rückzug anzutreten. Bären mögen keine Menschen, aber wer in Panik die Flucht ergreift, fordert die Tiere zum Wettlauf heraus – was in der Einsamkeit dieses so hoch gelegenen Gebietes nicht gut enden kann.

Gerade Øvre Pasvik zeigt, daß die Rettung unberührter Landschaften oft auch einen internationalen Aspekt hat. Nur wenige Kilometer vom Park entfernt sind in der Umgebung der russischen Stadt Nikel nur noch sterbende Wälder zu sehen.

Polyglott 13

LAND DER SUPERLATIVE

Gefälles ist die sogenannte Distriktspolitik des Staates, die unter anderem den Bewohnern der nördlichen Landesteile steuerliche Vorteile einräumt. In den dünn besiedelten Gebieten ist der Anteil am Bruttoinlandsprodukt dank Tourismus und Fischerei relativ hoch. Ziel der norwegischen Distriktspolitik ist die Erhaltung der Wirtschafts- und Besiedlungsstrukturen, also das Verhindern einer Abwanderung aus dem Norden.

Die Samen in Norwegen – Vorbild für Ureinwohner

Die Samen oder „Lappen", wie die nördlichsten Ureinwohner Europas jahrhundertelang genannt wurden, sind eine ethnische Minderheit auf der Nordkalotte, die jedoch in Norwegen auch in den südlicheren Provinzen zu Hause ist. Neuesten Schätzungen zufolge gibt es etwa 60 000 bis 100 000 Samen, wovon etwa 40 000 in Norwegen leben. Das ist zwar nur eine geringe Anzahl, doch die Samen haben in den letzten 20 Jahren ein zunehmendes Selbstbewußtsein an den Tag gelegt – und die offizielle norwegische Politik gegenüber dieser Minderheit hat sich stark geändert.

Die Samen hingen ursprünglich einer schamanistischen Religion an. Man glaubte sie christianisieren zu müssen, weshalb man bereits im 12. Jahrhundert in den samischen Gebieten Kirchen baute. Die Nomaden waren Grenzgänger, die sich mit ihren Rentierherden über die Großmachtpolitik hinwegsetzten und dort hinzogen, wo schon ihre Vorfahren Weideland fanden, Menschen, die nicht zu verstehen waren und deshalb Norwegisch lernen mußten. Seit dem Mittelalter bis in die moderne Zeit hinein wurde dieses Volk diskriminiert, doch als Ende der 70er Jahre mit der Aufdämmung des Alta-Flusses in Nordnorwegen riesige Weideflächen verlorengingen, kam es zum offenen Aufruhr der Samen.

Heute erhält jeder Same Unterricht in samischer Sprache, und mit einem neuen Gesetz verpflichtete sich der norwegische Staat 1988, alles zu tun, um der samischen Volksgruppe die Erhaltung ihrer Sprache, Kultur und ihrer traditionellen Lebensweise zu ermöglichen.

Seit 1989 gibt es ein Samen-Parlament (Sameting), das von allen Samen direkt gewählt wird und seinen Sitz im samischen Hauptort Karasjok in der Provinz Finnmark hat. Zwar ist der Einfluß des Parlaments auf die Politik in Oslo nicht sonderlich groß, doch in Oslo werden auch keine die Samen angehenden Beschlüsse gefaßt, ohne daß vom Sameting in Karasjok eine positive Rückmeldung vorliegt.

Die Rentierzucht, traditionell neben der Fischerei der wichtigste Erwerbszweig der Samen, verändert sich immer mehr, weil die arbeitsintensive Methode mit langen Wanderungen zu saftigen Weidengebieten zu hohe Kosten verursacht. Auch hier ist Rationalisierung erstes Gebot. Die Produktion von Rentierfleisch macht zwar nur ein Prozent der gesamten norwegischen Fleischproduktion aus, doch die Nachfrage steigt, und die Rentierhalter müssen sich umstellen.

Traditionen sind gut und schön, wenn man damit Geld verdienen kann, sagen sich auch die Samen, und trotz einer Blütezeit für ihre Sprache und Kultur ziehen immer mehr von ihnen in den Süden des Landes. Die jungen Samen nutzen die Möglichkeit, in Tromsø oder in Oslo zu studieren, doch es ist keineswegs sicher, daß sie in ihre Heimatorte zurückkehren. Gleichzeitig sehen die in der Finnmark verbliebenen Samen, daß sich auch die Touristen für sie zu interessieren begonnen haben, und wer den alten, doch sehr lebendigen Traditionen der Samen näherkommen möchte, sollte dies in den Wintermonaten versuchen.

LAND DER SUPERLATIVE

Nur 3,3 Prozent der norwegischen Bevölkerung sind Menschen anderer Nationalitäten, wobei über die Hälfte von ihnen aus den übrigen europäischen Ländern oder Amerika stammt. Es kann am Klima, eher jedoch an einer rigiden Einwanderungspolitik liegen, daß Norwegen auch im ausgehenden 20. Jahrhundert ein bevölkerungsmäßig relativ geschlossenes Land ist. Diese Homogenität der Bevölkerung spiegelt sich in der Religion wider: 88 Prozent aller Norweger gehören der protestantischen Staatskirche an, die römisch-katholische Kirche des Landes zählt nur 30 000 Seelen. Daraus zu schließen, daß die Norweger aktive Christen sind, wäre aber weit gefehlt – neuesten Zahlen zufolge besuchen nur drei Prozent regelmäßig Gottesdienste –, doch ist die Rolle der christlichen Glaubensgemeinschaften im puritanischen Westen und die der Christlichen Volkspartei in der norwegischen Politik nicht zu unterschätzen. Das staatliche Monopol beim Verkauf von Spirituosen ist dafür ein gutes Beispiel.

Seit 1993 gibt es ein neues Partnerschaftsgesetz. Danach ist es auch homosexuellen Partnern möglich, ihr Verhältnis standesamtlich zu legalisieren. Schon lange Zeit vorher hatten „wilde Ehen" finanziell und rechtlich den gleichen Status wie traditionelle Ehen, und es scheint, als ob beim Thema Partnerschaft die norwegische Toleranz zum Ausdruck kommt:
„Man soll andere nicht plagen
und immer höflich und nett sein,
und darüber hinaus kann man
machen, was man will."
(Aus dem Kinderbuch „Die Räuber von Kardemomme".)

Doch die Toleranz hat ihre Grenzen, und beim Sprachenstreit hört sie auf. Es

Die Rentierzucht ist ein wichtiger Erwerbszweig der Samen.

In einem der charakteristischen Zeltlager der Samen.

Mit einfachsten Mitteln raffiniert konstruiert: der Samenschlitten.

gibt offiziell zwei Schriftsprachen, das Bokmål und das Nynorsk, und die Schüler werden auch in Zukunft Unterricht in beiden Sprachen erhalten. Nynorsk und Bokmål unterscheiden sich für Außenstehende nicht sonderlich, doch für das Selbstbewußtsein vieler Norweger ist es von großer Bedeutung, daß sie „ihre" Sprache benutzen dürfen. Die unzähligen Dialekte sind sehr lebendig, und die Wahl der richtigen Sprache ist immer für eine heiße Debatte gut. Ende der 80er Jahre sollte das Telefonbuch für die „Nynorsk"-Region Hordaland in Westnorwegen – dort leben immerhin 10 Prozent der Gesamtbevölkerung – in eben dieser Sprache gedruckt werden. Unglücklicherweise liegt die Großstadt Bergen in dieser Region, und dort ist Nynorsk als „Bauernsprache" verpönt. Nach langen Streitereien mußten die Bokmål sprechenden Bergener schließlich akzeptieren, daß das Telefonbuch nicht in ihrer Sprache erschien.

Überhaupt sind Lebensweise und Bräuche der Norweger eher konservativ. Sie verbinden Vergangenheit und Moderne; traditionelle Handarbeiten sind heute ebenso verbreitet wie Computerspiele, Volkstanz hat auch neben dem Rap noch immer seinen Platz.

Zu behaupten, die Norweger stünden mit beiden Beinen (nur) fest in der Gegenwart, ist weder wahr noch von ihnen erwünscht.

So lange der Hahn nicht zugedreht ist ... – Norwegens Wirtschaft

Mag sie auch karg und unwirtlich erscheinen: Die Natur in Norwegen birgt Reichtümer, dank derer das Land im Laufe dieses Jahrhunderts zu einer Energie-Supermacht herangewachsen ist. Ehemals ein Land der Fischer und Bauern, das in den Sommermonaten von reichen Familien aus England oder vom europäischen Kontinent besucht wurde, sind die Wasserkraft und die Rohstoffe im oder unter dem Meer die Hauptgründe dafür, daß Norwegen heute zu den reichsten Ländern der Welt gehört und Hunderttausende von Touristen trotzdem kaum etwas von einer norwegischen Industrieproduktion merken. Es gibt weder Kern- noch Kohlekraftwerke, und der reichliche Niederschlag im Westen des Landes läßt die Kassen klingeln und verschafft der energieintensiven Industrie des Landes, z. B. der Schwermetallindustrie, durch die Ausnutzung der reichlich vorhandenen Wasserkraft Vorteile auf den internationalen Märkten. Norwegen hat alle Möglichkeiten, Umweltfreundlichkeit in bare Münze umzusetzen.

Die Nutzung der Wasserkraft hängt eng mit der elektrochemischen und elektrometallurgischen Industrie zusammen, und die Produktion von Aluminium und Eisenlegierungen (u. a. für die Autoindustrie) ist heute eine der wichtigsten Festlandsindustrien Norwegens. Der aus der Wasserkraft gewonnene Strom wird durch unterseeische Kabel mittlerweile bis nach Hamburg exportiert.

Nordsee und Nordmeer wurden Anfang der 60er Jahre nach dem sog. Mittellinienprinzip zwischen Dänemark, England und Norwegen aufgeteilt. Norwegens Kontinentalsockel hat heute die vierfache Größe des Festlandes, und seit 1972 hat die norwegische Förderung von Nordseeöl und später Gas ständig zugenommen.

Allein in den Jahren 1988 bis 1992 wurde die Fördermenge verdoppelt, und 1992 exportierte Norwegen Gas und Öl für 109 Mrd. Kronen – das ist die Hälfte des Gesamtexports und bringt eine gefährliche Abhängigkeit von Ölpreis, Dollarkurs und internationaler Energiepolitik, der man in der norwegischen Wirtschafts- und Industriepolitik seit Jahren entgegenzuwirken versucht.

43 % der norwegischen Wirtschaftskraft kommen aus dem Export, und ihre Abhängigkeit von der internationalen Konjunktur ist gravierend.

LAND DER SUPERLATIVE

Ein wichtiger Wirtschaftszweig ist nach wie vor die Fischerei, heute mit dem modernen Ableger Fischzucht. Jährlich wird Frischfisch für rund 16,5 Mrd. Kronen exportiert.

Die spärlich bevölkerten nördlichen Landesteile sind von den Fischgründen im Nordmeer extrem abhängig, und die Landflucht aus diesen Regionen kann nur durch gute Rahmenbedingungen für die nordnorwegische Fischerei verhindert werden.

Energie aus Wasserkraft – in Norwegen keine Seltenheit.

Ein alternativer Wirtschaftszweig für die von der Entvölkerung bedrohten Landstriche ist der Fremdenverkehr, der heute bereits mehr Geld erwirtschaftet als die Fischerei.

Daß der Aspekt einer unberührten und sauberen Umwelt gerade in Norwegen eine sehr große Rolle spielt, wissen auch die Behörden. In einem so großen Land mit so wenigen Einwohnern bietet sich die wirtschaftliche Nutzung der reichlich vorhandenen Rohstoffe zwar an, doch ist die staatliche norwegische Umweltpolitik der Zukunft auch darauf ausgerichtet, negative Folgen der Industrieproduktion kräftig zu besteuern.

Immer wieder stößt man auf Fischzuchtbecken.

Norwegische Betriebe bezahlen heute die höchsten CO_2-Abgaben in Europa, und in der wichtigen holzverarbeitenden Industrie (1992: Export für rund 10 Mrd. Kronen) haben die Auflagen des Staates besonders im dicht besiedelten Südosten des Landes dazu beigetragen, daß Wasser und Luft wieder sauberer geworden sind. Die wichtigste Herausforderung der Zukunft ist, den Ausstoß der „ewigen Flammen" über den Nordseeplattformen deutlich zu reduzieren.

Ölbohrinseln fördern das „flüssige Gold" zutage.

Polyglott **17**

LAND DER SUPERLATIVE

Staatsform, Verfassung und Verwaltung

Norwegen ist eine parlamentarische Monarchie. Kommunisten und Konservative in Norwegen sind sich darin einig, daß das Land einen König braucht – ohne große politische Macht, doch mit einem schier unbegrenzten Vertrauen ausgestattet. Der 1937 geborene König Harald V. hat dieses Amt seit 1991 inne, und sein Wahlspruch „Alles für Norwegen" hat auch ihm sehr schnell den Beinamen „König des Volkes" eingetragen.

Wichtigstes Organ in der parlamentarischen Demokratie ist das Storting, dessen 165 Abgeordnete direkt für vier Jahre gewählt werden. Ehemals eine Versammlung gestandener Männer – wie nach Ausarbeitung der Verfassung am 17. Mai 1814 oder im ersten „Storting" –, ist das norwegische Parlament heute ein musterhaft repräsentatives Organ: Insgesamt sind acht Parteien vertreten, von der Fortschrittspartei im rechten Spektrum über die Christliche Volkspartei bis zur kommunistischen Partei „Rote Wahlallianz".

Es sitzen dort genauso viele Frauen wie Männer, was im europäischen Vergleich ebenso bemerkenswert ist wie die Tatsache, daß sehr viele Abgeordnete unter dreißig Jahre alt sind und der jüngste Minister die dreißig gerade überschritten hat. Gestritten wird im Storting selten, wenn überhaupt, dann meist über Kleinigkeiten und für die Medien.

Das jeweils auf vier Jahre gewählte norwegische Storting kann innerhalb dieser Zeit nur durch Neuwahlen aufgelöst werden. Daher muß die Regierungschefin im Notfall neue Koalitionen suchen oder sie bietet der stärksten Oppositionspartei die Regierungsgeschäfte an. Nach der Wahl 1993 bildete die Sozialdemokratin Gro Harlem Brundtland ihre dritte Regierung, in der unter den 19 Mitgliedern diesmal „nur" acht Frauen vertreten sind – der beste Beweis dafür, daß Gleichberechtigung in der norwegischen Politik das 50-Prozent-Denken verlassen hat. Irgendwann in nächster Zukunft wird es vielleicht einen weiblichen Außen- oder Verteidigungsminister geben, und in Norwegen wird sich dann niemand darüber wundern. Es ist eben kein historischer Zufall, daß Norwegen 1913 das erste europäische Land war, in dem das Frauenwahlrecht eingeführt wurde.

Norwegen ist in 19 sog. *fylke* eingeteilt. Diese Regierungsbezirke haben wesentlich weniger Macht als ein Bundesland in einem föderativen Staat – Straßenbau, Krankenhausverwaltung und die weiterführenden Schulen sind die einzigen Bereiche, in denen die fylke entscheiden dürfen.

Der Großraum Oslo ist mit 461 000 Einwohnern der größte norwegische Regierungsbezirk und gleichzeitig die größte der insgesamt 439 Kommunen. Die kleinsten Verwaltungseinheiten Norwegens, eine Insel und ein Ort am Fuß eines westnorwegischen Fjords, zählen gerade jeweils 300 Einwohner.

Viel ist gesagt und geschrieben worden über den Sozialdemokratismus skandinavischer Prägung. Es gibt eine staatliche Gesundheitsfürsorge, die ebenso wie die Renten und die Arbeitslosenversicherung über die Steuer finanziert wird, weswegen die Steuersätze in Norwegen auch nur beim ersten Hinsehen sehr hoch sind. Natürlich ist der Staat der weitaus größte Arbeitgeber, und in Zeiten steigender Erwerbslosigkeit und stabiler Öleinnahmen gibt er jährlich Milliarden für Studienplätze oder die Schaffung neuer Arbeitsplätze aus.

Jedes Jahr zum 1. Mai rufen die norwegischen Gewerkschaften zu Solidarität und staatlichem Einsatz auf, und die Sozialdemokraten werden an ihre Maxime „Arbeit für alle" erinnert. Ein norwegischer Soziologe behauptete einmal, daß in Norwegen im Grunde alle Parteien nur Varianten der seit den 30er Jahren mit kurzen Unterbrechungen regierenden Sozialdemokraten sind.

LAND DER SUPERLATIVE

Aufgrund der Größe des Landes gibt es allerdings ausgeprägte Spannungen zwischen Zentrum und Peripherie. Das zeigt sich z. B. in der Behauptung, daß der Norden am Tropf des Südens hänge, was ebenso falsch ist wie die Annahme, daß das Angebot im Sozialsektor nach Norden hin schlechter wird. Der Norden trägt pro Einwohner weit mehr zum Bruttoinlandsprodukt bei als der Süden, und in den Krankenhäusern dort gibt es kürzere Wartezeiten für Operationen als z. B. in Oslo oder Bergen. Die massive Regionalförderung und die günstige Lage von Hochschulzentren haben dafür gesorgt, daß sich die Abwanderung aus dem Norden in Grenzen hielt.

Relief eines Wikingerschiffes.

Königliches Schloß in Oslo.

Steckbrief

Offizieller Name: Kongeriket Norge.
Staatsform: Parlamentarische Monarchie.
König: Harald V.
Verwaltungsgliederung: 19 Regierungsbezirke, sog. fylke.
Gesamtfläche: 386 890 km².
Küstenlänge (ohne Fjorde): 2650 km.
Höchster Berg: Galdhøpiggen, 2469 m.
Längster Fluß: Glomma, 617 km.
Größter Binnensee: Mjøsa, 368 km².
Einwohnerzahl: 4,28 Millionen.
Einwohnerdichte: 13 pro km².
Hauptstadt: Oslo (mit Vorstädten 670 000 Einwohner).
Religion: ev.-luth. Staatskirche.
Wirtschaftskraft: BSP: 192 000 nkr je Einwohner.
Import: 155 Mrd. nkr (1992).
Export: 218 Mrd. nkr (1991).
Hauptwirtschaftszweige: Öl- und Gasförderung, Fischerei, Tourismus, Holzwirtschaft.

Das Nationaldenkmal Haraldshaugen nördlich von Haugesund erinnert an die Einigung des Landes 872 durch Harald Hårfagre („Schönhar").

Polyglott

Geschichte im Überblick

8. Jahrhundert Die Wikinger machen den Atlantik unsicher, in Schottland, Irland, der Normandie und auf Island wüten die Met trinkenden Seefahrer, bevor es nach Grönland und weiter westlich bis nach Amerika geht.

968 Geburt Olav Tryggvasons. Nach ersten Beutezügen läßt er sich taufen und widmet sich fortan der Christianisierung Norwegens – mit Waffengewalt. Man nimmt an, daß Olav, der erste norwegische König, im Jahr 1000 bei der Seeschlacht von Svolder getötet wurde. Die Christianisierung geht jedoch unaufhaltsam weiter.

Zweite Hälfte des 12. Jahrhunderts. 1152 wird Norwegen Kirchenprovinz mit Erzbischofssitz in Trondheim. Dynastische Thronfolgeauseinandersetzungen, vor allem aber bürgerkriegsartige Machtkämpfe zwischen Königtum, Kirche, Landadel und freien Bauern.

1397 Mit der Kalmarer Union werden Schweden, Dänemark und Norwegen unter der dänischen Krone vereint. Der Pest, die Mitte des 14. Jahrhunderts Europa erreicht hat, fällt in Norwegen weit mehr als die Hälfte der Bevölkerung zum Opfer.

Um 1400 Die Hanse dominiert den Handel an der norwegischen Küste.

1537 Die Reformation erreicht Norwegen, und das Dänische wird dort als offizielle Sprache eingeführt.

1814 Im Kieler Frieden tritt Dänemark Norwegen an Schweden ab, doch mit Hilfe des dänischen Kronprinzen wird im Ort Eidsvoll nördlich von Oslo eine verfassunggebende Versammlung für Norwegen einberufen. Am 17. Mai 1814 wird eine Verfassung verabschiedet und gleichzeitig die Selbständigkeit erklärt. Die Folge sind militärische Aktionen der Schweden. Norwegen endet schließlich in einer Union mit Schweden.

1905 Die Union wird nach einer Volksabstimmung in Norwegen aufgehoben, und der aus Dänemark stammende Håkon VII. wird norwegischer König.

1914–1918 Norwegen gelingt es, im Ersten Weltkrieg neutral zu bleiben.

1935 Die norwegische Arbeiterpartei stellt erstmals die Regierung.

9. April 1940 Die deutsche Wehrmacht greift Oslo und wichtige Hafenstädte an der Westküste bis nach Narvik an. König und Regierung fliehen nach England, während sich im Land selbst der heimliche Widerstand organisiert.

7. Mai 1945 Die Besetzung Norwegens endet mit der deutschen Kapitulation. Im äußersten Norden des Landes hinterlassen die deutschen Truppen nur verbrannte Erde. „Nie mehr 9. April" ist bis heute ein wichtiges Argument in wichtigen außenpolitischen Debatten.

1949 Norwegen gehört zu den Gründungsmitgliedern der NATO.

Ab 1960 Erste ertragversprechende Ölfunde.

25. September 1972 Bei der EG-Volksabstimmung lehnen 53,5 % der Wahlberechtigten die Mitgliedschaft in der Europäischen Gemeinschaft ab.

1993 Norwegen unterzeichnet den Vertrag über den gemeinsamen europäischen Wirtschaftsraum.

1994 Im April werden zum zweiten Mal die Verhandlungen über eine Mitgliedschaft in der EU abgeschlossen, bei der EU-Volksabstimmung im November stimmt die Bevölkerungsmehrheit erneut mit „Nein".

Kultur gestern und heute

Zwischen 900 und 1300 entfaltete sich im Zuge der politischen Selbständigkeit und ersten wirtschaftlichen Blüte erstmals eine norwegische Kultur. Die „vierhundertjährige Nacht" hingegen, wie die Zeit der dänischen Herrschaft von 1387 bis 1814 immer noch mit bitterem Unterton genannt wird, hat in der norwegischen Kultur kaum Spuren hinterlassen. Bereits in der Nationalromantik (nach 1830) begann dann, was noch heute zu sehen ist: Das Mittelalter ist „in".

In den 90er Jahren dieses Jahrhunderts wurde das kulturelle Schaffen im Land der Mitternachtssonne mit kräftiger öffentlicher Hilfe und nicht zuletzt dank der Olympischen Winterspiele in Lillehammer 1994 auch mehr und mehr im Ausland vorgestellt. Was bisher an berühmten Namen wie Munch, Grieg, Ibsen oder Hamsun festgemacht wurde, sollte nun in seiner ganzen Breite vermittelt werden.

Literatur: Mythen, Männer – und zwei Frauen

Das norwegische Kulturerbe zu bewahren, war ein wichtiger Impuls für Jørgen Moe und Peter Chr. Asbjørnson: Sie gaben 1852 die erste komplette Sammlung norwegischer Sagen und Märchen heraus. Henrik Ibsen (1828 bis 1906) schrieb erst historische Dramen und das dramatische Gedicht „Peer Gynt", das nationale Mythen verarbeitete, bevor er sein Land für viele Jahre verließ und später die besonders auf deutschsprachigen Bühnen viel gespielten Gesellschaftsdramen schrieb. In der zweiten Hälfte des 19. Jahrhunderts sorgten zwei Frauen in der literarischen Debatte Skandinaviens für

Amalie Skram kämpfte als Literatin für die Rechte der Frau.

Der bekannteste norwegische Romancier ist Knut Hamsun.

Camilla Collett, ebenfalls Schriftstellerin und Frauenrechtlerin.

KULTUR GESTERN UND HEUTE

Aufsehen. Der erste realistische Roman, „Amtmandens Døtre" („Die Töchter des Amtmanns"), erschien 1854. Die Autorin Camilla Collett (1813–1895) klagte hier die Rechte der Frau erstmals in literarischer Form ein. Ihre harten Angriffe gegen die Männergesellschaft setzten sich in den Romanen von Amalie Skram (1846–1905) fort. Zu Lebzeiten war sie unter ihren männlichen Kollegen in Skandinavien heftig umstritten, heute wird sie den großen europäischen Naturalisten zugerechnet.

Seine besondere Liebe zu Deutschland rückte den bekanntesten norwegischen Romancier, Knut Hamsun (1859–1952), nach dem Zweiten Weltkrieg in ein zweifelhaftes Licht. Unbestreitbar ist, daß Hamsun der erste im Ausland ernstgenommene Romanschriftsteller Norwegens war und seine Werke heute in aller Welt gelesen werden.

Gegenwärtig ist besonders die norwegische Kinder- und Jugendliteratur hervorzuheben. Interessante Autorennamen sind Anne Cath. Vestly, Torbjørn Egner und natürlich der Bestseller-Autor Jostein Gaarder.

Es sind jedoch immer nur einzelne Werke aus Norwegen, die im Ausland Erfolg haben. Romane von Knut Faldbakken, Gerd Brantenberg, Herbjørg Wassmo und Ingmar Ambjørnsen, Krimis von Gunnar Staalesen oder Novellen von Kjell Askildsen und Bjørg Vik finden sich heute auch in deutschen Bücherregalen, doch ist es kaum zu erwarten, daß diese Namen jemals so bekannt werden wie Hamsun oder Ibsen.

Architektur: „Norwegian Wood"

Es gibt leider nur noch 29 erhalten gebliebene Stabkirchen, wobei die Kirchen von Heddal, Borgund und Urnes zu den bekanntesten gehören. Diese frühchristlichen Holzkirchen entstanden in der ersten Blütezeit von 900 bis 1300 und sind faszinierende Zeugnisse einer technisch durchdachten und künstlerisch äußerst vielfältigen Architektur mit Holzmaterialien. Gemeinsam ist ihnen, daß sie im Unterschied zur Blockhausbauweise Pfahlwände (daher auch der Name „Stabkirchen") haben. Typisch für die meisten der noch erhaltenen Stabkirchen ist ein einfacher und recht kleiner Innenraum mit Kirchenschiff und schmalerem Chor. Jede Kirche unterscheidet sich jedoch in der Gestaltung von Fenstern, Türen und Innenraum von den anderen. Bereits die Ornamente an den Portalen sind künstlerische Feinarbeit, und nicht selten lassen sich die Motive eher der heidnischen Wikingerzeit als dem christlichen Norwegen zuordnen. Auch in der Gegenwart wählt die typisch norwegische Architektur Holz als Baustoff, und auch in der ästhetischen Gestaltung sind wieder die Bezüge zum Mittelalter deutlich.

Malerei: Nationalromantik – und Munch

Ein anderes Merkmal der norwegischen Kulturgeschichte der Neuzeit läßt sich an der Malerei erkennen: Wer etwas werden wollte und Talent hatte, ging ins Ausland. Die Nationalromantiker Tidemand (1814–1876) und Gude (1825–1903) und später J. C. Dahl (1849–1937) lernten bzw. lehrten mangels eigener Traditionen in Deutschland. Ihre Gemälde mit Landschaftsmotiven und Motiven aus dem bäuerlichem Leben sind die stark gefühlsbetonte künstlerische Umsetzung eines neuen Nationalgefühls in einer jungen Nation.

Edvard Munch (1863–1944) war einer der ersten, die sich von der romantischen Darstellung klar distanzierten. Er gilt heute als einer der Begründer des Expressionismus und Pionier in der Entwicklung der graphischen Kunst, hielt sich über lange Perioden seines Lebens in Berlin auf und war zu Lebzeiten in Deutschland bekannter als in Norwegen. Das Munch-Museum und die Nationalgalerie in Oslo sowie die

KULTUR GESTERN UND HEUTE

Rasmus-Meyer-Sammlung in Bergen geben einen sehr guten Einblick in das Werk dieses äußerst produktiven Künstlers. Von den norwegischen Gegenwartsmalern sind besonders Jakob Weidemann mit seinen abstrakten Naturbildern, der figurative Expressionist Franz Widerberg und der heftig diskutierte Odd Nerdrum mit seinem Hang zum Neoromantizismus zu erwähnen.

Troldhaugen war der Altensitz Edvard Griegs.

Auch den Bildhauer Gustav Vigeland (1869–1943) zog es regelmäßig in den Süden. Hier fand er die Künstlerkreise und die Inspiration, die seine Werke aus dem norwegischen Mittelmaß heraushoben. Fachleute erkannten sehr früh das Genie Vigelands, doch für seinen Lebensunterhalt war das nicht genug. Vigeland bot daher der Stadt Oslo 1921 sein Lebenswerk an und erhielt dafür ein Atelier und einen Park. Heute ist der Vigelandspark das meistbesuchte Aus-

Edvard Munch: Begründer des Expressionismus in Norwegen.

Feste und Veranstaltungen

Den Anfang macht das Nordlichtfestival in Tromsø. Vossajazz im westnorwegischen Städtchen Voss eröffnet die Jazzsaison (Palmsonntag). Die samische Bevölkerung feiert das Osterfestival in Kautokeino und Karasjok – fünf Tage Musik, Markt und Rentierrennen.

In Bergen finden Ende Mai/Anfang Juni die Internationalen Festspiele und der Nachtjazz statt. Ebenfalls über die Grenzen hinaus bekannt ist das Eurovisionskonzert am Holmenkollen Mitte Juni mit dem Philharmonischen Orchester Oslo. Das nördlichste Festival der Welt ist das Nordkapfestival Mitte Juni.

Ende Juni finden in Harstad Festspiele statt. Es werden historisches Schauspiel, Folklore, Ballett und Kunstausstellungen geboten.

Juli/August: Das Kongsberg Internationale Jazzfestival in der ehemaligen Bergwerkstadt zieht Künstler und Publikum aus dem In- und Ausland an.

Das bekannteste Rockkonzert (wenngleich deutlich kleiner als das im dänischen Roskilde) ist das Kalvøyafestival am ersten Juli-Wochenende.

Ein wunderschöner Rahmen, originale Konzertsäle und ein international besetztes Programm: Sommer-Festival in Melbu auf den Vesterålen alle zwei Jahre im Juli/August. In der Rosenstadt Molde steht Ende Juli das Internationale Jazzfestival auf dem Programm.

Ende Juli: In Stiklestad, nördlich von Trondheim, wird das bekannteste norwegische historische Amateur-Schauspiel, das Spiel über Olav den Heiligen, aufgeführt.

Südnorwegische Küstenkultur pur bietet das Internationale Holzbootfestival in Risør (Anfang August). Zwei Kammermusikfestivals, die vor allem junge Solisten vorstellen, beenden den Festspielsommer: in Oslo Anfang August und in Stavanger Mitte August.

flugziel in Norwegen, und die vom Bildhauer geschaffenen Monumentalfiguren sind weltberühmt.

Musik: Joiks, Jazz und junge Klassiker

Noch mehr als die Literatur war und ist die norwegische Musik vergangenen Zeiten verpflichtet. Volksmusik ist auch heute noch eine wichtige Quelle für die Komponisten, und mit modernen Bearbeitungen wird sie einem jüngeren und breiteren Publikum zugänglich gemacht.

Der herausragende und international bekannteste Komponist der norwegischen Klassik ist ohne Zweifel Edvard Grieg (1843-1907). Sein Leben und Werk spiegeln die beiden wichtigsten Tendenzen in der norwegischen Kultur wider: Seine Kompositionen greifen auf Motive aus der Volksmusik bis ins frühe Mittelalter zurück, und der Künstler selbst lebte zunächst jahrelang im Ausland, bevor er im eigenen Land anerkannt wurde.

Griegs Nachfahren haben es – auch dank der heutigen technischen Möglichkeiten – leichter: Der Saxophonist Jan Garbarek oder die Sängerin Marie Boine wählen gern samische Gesänge, die sog. Joiks, als Grundlage ihrer Kompositionen, während der Bassist Arild Andersen mit Vorliebe Volksmusik als bäuerlichen Traditionen in seine Kompositionen integriert. Die Festivals in Molde, Kongsberg und Voss sind heute fester Bestandteil des internationalen Jazz-Kalenders.

In den internationalen Konzertsälen fühlen sich mittlerweile eine große Gruppe junger norwegischer Interpreten und die Symphonieorchester von Oslo und Bergen (beide 1993 auch in München begeistert gefeiert) zu Hause. Die Internationalen Musikfestspiele, die Ende Mai in Bergen stattfinden, sind heute eine Institution und ein wichtiges Schaufenster für nachrückende Talente.

Essen und Trinken

Lutefisk und Lapskaus, Lammfleisch und Lefse

Gibt es die norwegische Küche? In den größeren Städten ist es eine Frage des Geldbeutels, ob man in einem Restaurant kontinentales Essen wie Lasagne oder Quiche bestellt oder in einer „Gatekjøkken", was der Imbißstube am nächsten kommt, für Fast food bezahlt. Auf dem Land dagegen hält sich der Glaube, daß Einheimische und Reisende auch mit norwegischem Essen verwöhnt werden können. Also gibt es Frikadellen *(kjøttkaker)*, Räucherwurst *(røkepølse)* oder gekochtes Lammfleisch mit Rübenmus.

Das alles und diverse andere Fischgerichte sollte man probiert haben und – wenn der Gaumen sich an Hammel oder eingelegten Fisch gewöhnt hat – eine Einladung zu einem norwegischen Festessen annehmen. Hier hat sich die deftige Kost der Fischer und Bauern behauptet, und die regionalen Unterschiede in den Eßgewohnheiten sind auch heute noch deutlich ausgeprägt.

In dem Buch „Bilder aus dem Löwe-Salon-Leben", das 1848 in Oslo erschien und das Hauptstadtleben ironisch aufs Korn nahm, hieß es über die wachsende Begeisterung für ausländisches Essen: „Alles, was echt norwegisch und deshalb einfach ist, hat seinen Klang verloren. (…) Denn hier hängen uns immer noch viele echt norwegische barbarische Gewohnheiten an. Wir sind keine Kannibalen, das soll nicht einmal unser schlimmster Feind über uns sagen; aber wir sind Aquavit-Trinker, essen braunen Käse und schlukken angegorene gesalzene Forelle. (…)" Auch 150 Jahre später ist dies gar nicht

ESSEN UND TRINKEN

so abwegig, doch immer ist zu bedenken, daß gerade die Alltagskost internationaler geworden ist und mehr und mehr Menschen montags bis freitags nicht am heimischen Herd kochen, während an Festtagen echt norwegische Gerichte serviert werden. Nur das tägliche Brotpaket ist den Norwegern heilig, und angeblich besteht es aus zwei bis drei Scheiben Brot, belegt mit braunem Ziegenkäse, Hammelsalami *(fårepølse)* und fettarmem weißem Käse, womit bewiesen sein dürfte, daß es typisch norwegisches Alltagsessen gibt. Spitzenreiter unter den Mittagsgerichten sind die schon genannten *kjøttkaker,* vorzugsweise serviert mit brauner Soße und Erbsenmus.

Fischfilet vom Seelachs oder Dorsch folgt auf dem zweiten Platz, während der Milchreis die beliebteste Samstagsspeise zur Mittagszeit ist. Damit wäre das Bild komplett: traditionelles Essen aus dem Inland oder dem Fischermilieu, das im Laufe der Jahrhunderte nur leicht variiert wurde. Zu dieser Kategorie gehören auch die leckeren Fischfrikadellen *(fiskekaker),* das getrocknete, ultradünne Fladenbrot *(flatbrød)* und ein echt norwegischer Lapskaus.

Wichtigstes Kennzeichen des Alltagsessens ist, daß es gesund, sprich: fettarm sein soll. Soßen werden zu den wenigsten Gerichten gereicht, und die Portionen in den norwegischen Restaurants sind besonders in den Städten nicht gerade reichlich. Der Vorsatz, gesund zu essen, wird jedoch für die Festtage in nationaler Eintracht beiseite gelassen. Das wohl einfachste, aber gleichzeitig deftigste Feiertagsgericht ist *rømmegrøt*, ein Rahmbrei aus Weizenmehl und fettem Sauerrahm, der auch in seiner Wirkung auf den Magen an Milchreis erinnert. Am 17. Mai oder manchmal zu Ostern oder Weihnachten, aber vor allem in den norwegischen Berghütten, wird dieser Eintopf

serviert, und wer sich in einem Restaurant über die kleinen Portionen wundert, sollte mit der Beschwerde warten, bis der Teller leergegessen ist.

Am Heiligabend gibt es je nach Region gekochten Dorsch, gekochte Hammelrippen *(pinnekjøtt)*, gelaugten Stockfisch *(lutefisk)* oder Schweinerippchen – kräftige Kost, die mit Bier und Aquavit hinuntergespült und mit Sahnekuchen und Kaffee nebst Cognac abgeschlossen wird.

Apropos Flüssiges: Bereits die Wikinger verstanden etwas vom Bierbrauen, hier gibt es die verschiedensten regionalen Ausgaben, und der wichtigste hochgeistige norwegische Exportartikel, der Linie-Aquavit, wird immer noch zur Reifung über den Äquator gefrachtet, um dann schließlich kalt und zu deftigem Essen gereicht zu werden. Allein in Deutschland werden jährlich 500 000 Liter Kümmelschnaps mit Äquatorsiegel konsumiert. Spirituosen unterliegen übrigens einer strengen staatlichen Kontrolle und sind nur in wenigen Restaurants erhältlich – zu hohen Preisen!

Auch im Norden Europas erfreut sich die Jagd großer Beliebtheit, und noch immer gibt es in arktischen Breiten Samen, die von der Rentierzucht leben. Besonders interessante Gerichte sind Elch- oder Rentiersteak oder auch Rentier-Geschnetzeltes *(finnebiff)* – letzteres das Ergebnis einer uralten und sinnvollen Methode zur Aufbewahrung von Rentierfleisch: Die Reste wurden von den Knochen abgekratzt und in Portionen im Schnee gelagert.

Eine Empfehlung für Nordlandfahrer: Finnebiff wird mit Salzkartoffeln und Preiselbeeren serviert – wer dann noch Molteberensahne mit Früchten aus dem norwegischen Hochland zum Nachtisch bekommt, hat eine rundum norwegische Mahlzeit genossen. Das ehrfürchtige Verhältnis der Norweger zu ihrer Natur zeigt sich, wenn man genau hinsieht, übrigens schon beim Anrichten. Hier werden Sorgfalt und viel Phantasie an den Tag gelegt.

Urlaub aktiv

Die Natur ein Tempel, der Berg ein Altar

Karikaturen zufolge werden die Norweger schon mit Skiern an den Beinen geboren, der Wanderrucksack ist Nationalsymbol, und Schwitzen in freier Natur ist eine ihrer Lieblingsbeschäftigungen. Dafür gibt es denn auch ein eigenes Wort: *Friluftsliv*. Schulfach ist es bereits in der Grundschule, und wer 16 Jahre alt ist, hat zumindest die neun Gebirgsregeln, die Feuer machen, Kochen und Überleben in freier Natur betreffen, gelernt.

Wandern

Friluftsliv ist das bewußte und fast ehrfürchtige Eintauchen in die großartige Natur, und aktiv sein kann man auch als Tourist in Norwegen schon mit einem Paar guten Wanderschuhen und dem Willen, von den Norwegern eben ein bißchen Friluftsliv zu lernen.

Die Zeiten, wo jeder Norwegen-Urlauber allein auf sich gestellt und mit einer ungenauen Wanderkarte in die Einsamkeit aufbrechen mußte, sind vorbei: Die Fremdenverkehrsämter haben entdeckt, daß nicht nur die Norweger die Natur erleben wollen, und in den letzten Jahren ist das Angebot an mehr oder weniger organisierten Fahrrad-, Fuß- oder Bootswanderungen kräftig erweitert worden. Auf Schusters Rappen empfehlen sich besonders die historischen Wanderungen wie zum Beispiel der „Altertumsweg" in der topographisch ganz unnorwegischen, weil sehr flachen Region Østfold, südöstlich von Oslo, oder der Königspfad über das Dovrefjell-Gebirge bis nach Trondheim, den die wallfahrtenden katholischen Könige und die Pilger auf dem Weg zu der Domstadt passierten.

URLAUB AKTIV

Nicht weniger spannend sind Fuß- oder Fahrradwanderungen in die norwegische Industriegeschichte: Im Zuge des Baus von Eisenbahnlinien, Straßen oder Wasserkraftanlagen wurden Schneisen durch die westnorwegische Gebirgswelt gesprengt. Hier arbeiteten sich Tausende von Wanderarbeitern mit Hämmern und Spaten vor, und heute können Aktivurlauber auch ohne Werkzeug kräftig schwitzen: Wer an einer Kombination aus körperlicher Betätigung, dem Geschmack von Geschichte und dem Erlebnis einer großartigen Natur interessiert ist, sollte jedoch vorab Informationen einholen. Nicht alle diese Baustraßen sind ganz ungefährlich. Einige der kulturgeschichtlich und landschaftlich spannendsten Strecken liegen in der Region Ryfylke, südöstlich von Stavanger, und entlang der Bergensbahn zwischen Myrdal und Finse an der Nordseite des Gletschers Hardangerjøkulen.

Klettern und Gletscherwandern

Klettern und Gletscherwanderungen – die Bergsportler haben die norwegischen Ge-

Die neun Gebirgsregeln

1. Gehen Sie nie auf längere Wanderungen, ohne vorher gut trainiert zu haben.
2. Sagen Sie Bescheid, wohin Sie gehen.
3. Respektieren Sie das Wetter und die Wettervorhersagen.
4. Hören Sie auf erfahrene Gebirgswanderer.
5. Seien Sie selbst bei kürzeren Touren auf ein Unwetter eingestellt. Ein Rucksack sollte im Gebirge immer dabei sein.
6. Karte und Kompaß nicht vergessen.
7. Gehen Sie nie allein.
8. Kehren Sie rechtzeitig um; es ist keine Schande, umzukehren.
9. Dosieren Sie Ihre Kräfte richtig und graben Sie sich, wenn nötig, im Schnee ein. Auch einen Spaten, im Gebirge eine wichtige Ausrüstung, sollten Sie immer dabei haben.

URLAUB AKTIV

birge entdeckt, die Behörden raufen sich die Haare, und die Rettungsdienste schieben Extraeinsätze. Auch hier gilt wie bei klassischen Fuß- oder Skiwanderungen, daß die beste Ausrüstung nichts nützt, wenn das Wetter plötzlich umschlägt oder die Ortskenntnisse nicht ausreichend sind, um rechtzeitig eine Hütte oder einen Bauernhof anzusteuern. Auf dem Hardangerjøkulen, dem Jostedalsbreen oder dem Svartisen in Nordnorwegen werden Gletscherwanderungen mit erfahrenen Führern angeboten, und die oft niedrigen Teilnahmegebühren können sich sehr schnell als eine Lebensversicherung erweisen.

Wer im Jotunheimen einen Zweitausender erklimmen möchte, kann schon bei den norwegischen Fremdenverkehrsbüros im Ausland einschlägige Informationen bekommen.

Angeln

Hinter dem neunorwegischen Wort „Küstenkultur" verbirgt sich die Kombination von sportlichen Aktivitäten und Kultur in maritimer Umgebung. Ruderhäuser *(Rorbuer)* werden ausgebaut, und was noch vor zwanzig Jahren eine den Lofoten vorbehaltene Ferienform war, ist heute auch bis nach Westnorwegen vorgedrungen. Je mehr Fischgeruch, desto mehr Kultur; Ausflüge mit Segelschonern gehören dazu, und wenn bei Windstärke 6 ein Fünfkilo-Dorsch am Pilkhaken hängt, ist das auch für eingefleischte Landratten ein unvergeßliches Erlebnis.

Echte Sportangler wissen natürlich, daß die Dorsche, Köhler und Makrelen überall an der norwegischen Küste an den Haken gehen. Für das Angeln im Inland und nicht nur für die exklusive Lachsfischerei gilt übrigens, daß der staatliche Fischereischein bei der Post und der Angelschein beim Besitzer des jeweiligen Angelgebietes gekauft werden muß. Fraglich ist es, ob sich diese Ausgabe in Kilogramm gerechnet lohnt: In weiten Teilen des Landes haben sich die Lebensbedingungen für die Fische arg verschlechtert.

Segeln und Kanusport

Segler und Kanuten zieht es an die südnorwegische Schärenküste und in die Fjorde Westnorwegens, Taucher gehen besonders gern in der Umgebung von Ålesund und Kristiansund auf Schatz- oder Wracksuche, und Wildwasserfahrten finden nicht mehr nur auf reißenden Flüssen mit gefährlichen Schluchten statt: Auf dem Westfjord zwischen den Lofoten und dem Festland trifft man sich zum Hochseerafting, das sich bei richtigen Wind- und Strömungsverhältnissen mit den Wildwasserfahrten auf dem Fluß Sjoa im nördlichen Gudbrandsdal messen kann.

Skisport

Allen Sportmoden zum Trotz: Norwegen ist und bleibt das Land für Wanderer – zu Fuß oder auf Skiern. Mittlerweile ist auch das Alpinangebot sehr gut: Geilo, Hemsedal, Lillehammer oder Trysil in Südnorwegen und Narvik in Nordnorwegen sind international bekannte Pistenorte, doch Slalom und Abfahrt werden nie den gleichen Status erreichen können, wie der Langlauf mit Thermosflasche, Schokolade, Apfelsine und Lunchpaket. Die schönste Zeit für Skilanglauf-Aktivitäten sind die Monate Februar bis April, wenn die Sonne zu wärmen beginnt und sich die Bäche unter dem dicken Eis langsam wieder mit Wasser füllen. Dann ist die norwegische Gebirgslandschaft am schönsten und die Luft am klarsten. Bei einer Wanderung über die Hardangervidda kann man in den Hütten des Norwegischen Wandervereins übernachten, und während in den Trockenkellern die schweißgetränkten Socken, Langlaufschuhe und der Anorak getrocknet werden, sitzen die abgekämpften Skiamateure aus aller Welt im Kaminzimmer zusammen, um deftige Hausmannskost und vielleicht sogar ein Glas Wein zu genießen.

Unterkunft

Camping

Die meisten Norwegen-Urlauber bringen ihre Unterkunft gleich mit: Wohnmobile sind in diesem Land, wo es vor allem auf Beweglichkeit ankommt, sehr viel häufiger zu sehen als Zelte. Campingplätze sind auch für die Wohnmobil-Urlauber bevorzugte Übernachtungsorte, und der Standard der über 1400 Plätze im Land ist hoch. Natürlich gibt es durch Sterne markierte Unterschiede, doch generell gilt, daß auch auf den billigsten Campingplätzen die nötigen sanitären Einrichtungen vorhanden sind, und daß die Preise auch auf den Plätzen der höchsten Kategorie nicht abschreckend hoch sind. Leider liegen sehr viele Campingplätze eingezwängt zwischen einem Fluß und einer Straße. Wer nur eine Nacht bleibt, den wird das nicht stören, doch bei längeren Aufenthalten empfiehlt es sich, auf einen abgelegenen Campingplatz (generell gute Ausschilderung) zu gehen.

Es gibt aber auch eine andere Möglichkeit: Das norwegische „Allemannsrett" erlaubt das Aufstellen von Zelten außerhalb von offiziellen Campingplätzen in mindestens 150 m Entfernung vom nächsten Haus und auf nicht landwirtschaftlich genutzter Fläche.

Zumindest alle Norweger kennen dieses „Jedermannsrecht", und so lange Einheimische und Besucher sich gleichermaßen an die damit verbundenen Verhaltensregeln halten, wird das wilde Zelten in Norwegen noch lange Zeit erlaubt sein.

Eine Liste der offiziellen Campingplätze erhält man bei Norges Automobilforbund, Storgate 2, N-0105 Oslo; ☏ 22 34 14 00.

Campingplätze sind häufig der erste Kontakt mit der in Norwegen beliebtesten Unterkunft – den Hütten. Je kleiner und einfacher, desto „uriger" – und natürlich billiger. Etagenbetten, einfachste Holzmöbel, altmodische Einrichtung mit Kochplatte und Wandheizung, und das Klo in Sichtweite. Vielen reicht dies, und besonders nach langen Wanderungen, bei denen man vom Regen überrascht wurde, ist die Campinghütte dem Zelt vorzuziehen. Die Preise variieren, doch für 40 DM pro Nacht bekommt man auf Campingplätzen bereits eine 4-Personen-Hütte. Wer gar in einer Hütte seinen Urlaub verbringen möchte, kann schon im Heimatland unter einer Vielzahl von Anbietern wählen und natürlich auch eine Luxushütte mit Bad und WC, Sauna, Küche, getrennten Schlafzimmern, Kamin und Veranda buchen. Nähere Informationen und Adressen erhält man beim Norwegischen Fremdenverkehrsamt (s. unter Informationen in Praktische Hinweise von A–Z, S. 94). „Hütte" ist ein dehnbarer Begriff, und einzige Bedingung scheint zu sein, daß das letzte Stück Weg zu einer solchen Behausung keinesfalls asphaltiert und möglichst auch nicht befahrbar ist.

Entlang der Küste heißen die Hütten entweder *Rorbuer* (Ruderhäuser) oder *Sjøhus* (Seehäuser). Direkt am Kai sollten sie liegen, Boot, Schwimmwesten und Angelgerät gehören dazu, und Wassersport-Aktivitäten stehen im Zentrum eines solchen Hüttenurlaubs. Was ehemals Nordnorwegen und besonders den Lofoten vorbehalten war, findet auch in Süd- und Westnorwegen immer mehr Anhänger, und diese Ferienform ist ebenso wie der klassische Hüttenurlaub ein Schritt in Richtung norwegische Traditionen.

Die größte norwegische Vermittlung für Hütten ist Den Norske Hytteformidling, Postboks 3207, Sagene, N-0405 Oslo; ☏ 22 35 67 10. ⚠ 22 71 94 13.

Hotelurlaub

Hier sollte man folgende Grundregeln beachten: Nicht die Zahl der Sterne ist

UNTERKUNFT

für den Übernachtungspreis entscheidend, sondern die Funktion des betreffenden Hauses. Sehr viele Hotels, besonders in oder nahe den Städten, sind auf Geschäftsleute und Konferenzen spezialisiert und deshalb sehr teuer.

Typisch ländliche Touristenhotels, die schon wegen ihrer Lage und der Villenarchitektur ansprechend wirken, sind preislich für manch positive Überraschung gut. Anhalten und fragen lohnt sich auf jeden Fall. Mögen Räume und Möbel auch alt und renovierungsbedürftig wirken, erlebt man in solchen Häusern oft eine sehr gemütliche und intime Atmosphäre mit freundlichen Gästen. Informationen über das Hotelangebot und Hotelpässe gibt es beim Norwegischen Fremdenverkehrsamt (s. unter Informationen in Praktische Hinweise von A–Z, S. 94).

Jugendherbergen

In 100 Orten gibt es Jugendherbergen, „Vandrerhjem" genannt. Aufgrund ihrer Lage sind diese Unterkünfte oft ein idealer Ausgangspunkt für Wanderungen, und die besten Informationsquellen sind ohne Zweifel die Herbergseltern. Es lohnt sich immer, schon beim Jugendherbergsverband in Deutschland die nötigen Informationen einzuholen, denn viele Herbergen in Norwegen sind nur in den Monaten Juni bis August geöffnet. Für Rucksacktouristen gibt es zudem in den Städten billige Übernachtungsmöglichkeiten, z. B. vom CVJM, dem Christlichen Verein Junger Männer. Da diese aber von den Mitteln der jeweiligen Träger abhängig sind, empfiehlt sich die Nachfrage bei der Touristeninformation.

Polyglott

Reisewege nach und in Norwegen

Anreise mit Auto plus Fähre oder per Flugzeug

Ohne Fähren geht's nun einmal nicht, es sei denn, man reist per Flug nach Norwegen an. Schon die Anreise über die Ostsee oder das Skagerrak ist mit Ein- und Ausschiffen verbunden, und immer noch werden neue Linien eingerichtet, um die wachsende Zahl der Skandinavien-Liebhaber gen Norden zu bringen.

Die wichtigsten Fährverbindungen gehen von Hirtshals und Fredrikshavn an der Nordspitze von Jütland nach Göteborg, Moss, Oslo, Larvik, Kristiansand und Bergen.

Wer lieber etwas mehr mit dem Auto fahren und dabei Fährzeit und Geld sparen möchte, wählt die „südlicheren" Routen über die Vogelfluglinie (Puttgarden-Rødbyhavn und Helsingborg-Helsingør) oder die weniger bekannte, doch billigste Verbindung von Grenå nördlich von Århus nach Varberg in der Nähe von Göteborg.

Wer die lange Anreise auf dem Land- und Seeweg scheut oder wem die Zeit dafür fehlt, dem bleibt noch immer der Luftweg. Von Düsseldorf, Frankfurt/M., Hamburg, München und Zürich gibt es Nonstop-Flugverbindungen nach Oslo, von Hamburg auch nach Bergen. Ausführliche Informationen bei der **Skandinavischen Fluggesellschaft SAS**, deutsches Hauptbüro, am Flughafen, Terminal Mitte, HBK 45, 60549 Frankfurt/M., ☎ 0 69/69 45 31) oder bei den Reisebüros mit Lufthansa-Vertretung.

Reisen in Norwegen

Mit dem Auto

Natürlich haben Autoferien in einem so riesigen Land große Vorteile, und die allermeisten Autotouristen bringen ihre Unterkunft gleich mit. Seit den 80er Jahren sind Wohnmobilferien in Norwegen der große Schlager, und obwohl sich die Fremdenverkehrsämter bemühen, die Reisenden von der Straße in die Hütten, Pensionen oder Hotels zu locken, steigt die Zahl der Wohnmobil-Urlauber und dieser Unterkünfte auf Rädern weiter an. Die Vorteile dieser Reiseform – größere Beweglichkeit und die Möglichkeit, vom touristischen Hauptstrom abzuzweigen, die eigene Küche und der Kostenfaktor – sind unbestritten, doch im Land häufen sich kritische Stimmen. Die Belastung des Straßennetzes nimmt zu, auch die Park- und Rastplätze, die nicht für Übernachtungen vorgesehen sind, werden von den Wohnmobil-Karawanen besetzt, und viele fürchten, daß die unberührte Natur darunter leiden könnte. In den letzten zwanzig Jahren wurden massiv neue Straßen gebaut, alte verbreitert und Kurven mit Hilfe von Tunneln entschärft. Das Wetter setzt Grenzen: Wenn im Süden, Westen und Osten des Landes bereits Anfang Mai „alles frei" ist, bleiben die Frostschäden, wie Schlaglöcher, Buckel und Spurrillen von den Spikes-Reifen, zurück. Im Norden und in den Gebirgen des Südens fällt auch Anfang Juni noch Schnee, und Schneeketten sollte man für alle Fälle dabei haben.

Mit der Fähre

Fähren spielen auch im Inlandsverkehr nach wie vor eine wichtige Rolle. Man wird sich vielleicht über die teils saftigen Preise für die Überfahrten ärgern – die im übrigen vom Staat festgelegt und von der Fährstrecke abhängig sind –, doch eine solche Fahrt entschädigt für vieles: Fähren bedeuten Fahrpause, Erholung, gelungene Fotos. Reisende mit Wohnmobil sollten beden-

REISEWEGE NACH UND IN NORWEGEN

ken, daß für alle Fahrzeuge unter 5 Metern Länge der gleiche Preis gezahlt werden muß.

Für Radfahrer und Fußgänger sind Fähren billig, und gera-

„Hurtigruten" – Die schönste Schiffsreise der Welt

Elf Tage und zehn Nächte auf dem Wasser, über 2500 Seemeilen Fahrstrecke, 35 Anlaufhäfen – und gut 100 Jahre alt. Die Hurtigrute ist mehr als nur eine Schiffahrtslinie mit langer Tradition. Bei Wind und Wetter, durch offenes Fahrwasser und schmale Sunde, am Westkap, Nordkap, den imponierenden Berggipfeln von Helgeland oder an der „Lofotwand" vorbei, bei Nordlicht oder Schneefall, Mitternachtssonne oder Dauerregen bricht Tag für Tag eines der elf Schiffe von Bergen im Süden nach Kirkenes an der russischen Grenze auf. Jahrzehntelang war die Hurtigrute für viele kleine Küstenorte die einzige Verbindung mit der Außenwelt – das Schiff hatte Post, exotische Speisen und Getränke, aber auch Gäste aus südlicheren Ländern an Bord; jede Ankunft brachte etwas Neues, war aber gleichzeitig etwas Vertrautes. Die Hurtigrute entwickelte sich seit ihrer ersten Fahrt im Jahr 1894 zu einem Lebensnerv – und erst mit der Erweiterung des Straßennetzes, dem Bau von Tunneln, Brücken und Flughäfen verlor sie ein wenig von ihrer Bedeutung als Transportmittel.

Im Sommer wie im Winter gehen jeden Tag um 14 Uhr Urlauber aus Europa und Amerika an Bord – zumeist eingefleischte Landratten, die sich freiwillig den Strapazen dieser langen Reise aussetzen und darauf hoffen, daß der große Sturm gerade sie verschonen wird. Wer von knirschenden Deckplanken genug hat, kann in die Schiffsreise einen Landausflug einbauen, dabei die Fahrt verlängern und auf das Hurtigrute-Schiff des nächsten Tages zusteigen. In allen Fällen wird eine gründliche Reisevorbereitung nach Rücksprache mit dem Reisebüro, bei dem man gebucht hat, empfohlen.

Die sechs neuesten Hurtigrute-Schiffe haben eher den Charakter von Kreuzfahrtschiffen, in denen noch bis zu sechzig Autos Platz haben. Wer fürchtet, daß hier nur das komplette „Paket" mit elf Übernachtungen und Vollpension möglich ist, sieht sich getäuscht. Auch auf den neuen Schiffen kann man kürzere Strecken buchen und für wenig Geld mitfahren – ohne Kabine, mit eigenem Brotpaket und dem Rucksack als einzigem Reisegepäck.

Japanische Fotoamateure, ein deutscher Gesangverein, junge Amerikaner, die einmal das Nordkap sehen wollen, norwegische Studenten, die am Semesterende nach Hause fahren – sie alle sind während der Reise den Launen des Nordmeeres ausgesetzt. Die Rituale des Landgangs, die Postfahne am Heck, die Uniformen der Besatzung und ihre beruhigenden Worte, wenn bei Windstärke 8 das Westkap nördlich von Bergen umfahren oder der Vestfjord zwischen der Küste Nordlands und den Lofoten durchkreuzt wird – das sind unvergeßliche Eindrücke, die ganz einfach zu einer solchen Fahrt gehören.

Und auch auf den neuen Schiffen wird gegenüber der Rezeption ein Briefkasten hängen, der regelmäßig geleert wird. Niemand soll vergessen, daß die Hurtigrute jahrzehntelang allein dem Posttransport vorbehalten war.

Polyglott

REISEWEGE NACH UND IN NORWEGEN

de der Urlaub mit dem Montainbike wird in Norwegen immer beliebter. Heißt das Reiseziel West- oder Nordnorwegen, sollten Radler möglichst Nebenstrecken wählen oder größere Fahrstrecken mit dem Zug überspringen.

Mit der Eisenbahn

Zugfahren in Norwegen lockt, abgesehen von Einheimischen und Interrailern, wenige, denn das Schienennetz ist nur schlecht ausgebaut. Mit dem relativ günstigen Skandinavien-Bahnticket erreicht man jedoch von Wind und Wetter unabhängig interessante Reiseziele.

Der Einfachheit halber haben die wichtigsten Bahnstrecken einen Namen, und auch wenn die *Bergensbanen* zwischen Oslo und Bergen als eine der schönsten Strecken überhaupt gilt, auch die *Sørlandsbanen* von Oslo über Kristiansand nach Stavanger, die *Dovrebanen* von Oslo nach Trondheim und die dem launischen Nordlandklima ausgesetzte *Nordlandsbanen* von Trondheim nach Fauske/Bodø eine Fahrt wert. Leider sind diese Strecken, abgesehen von den beiden Linien nach Norden, nicht verbunden, die Richtung wird mit dem Einsteigen festgelegt.

Mit dem Bus

In Nordnorwegen ist man ohne eigenes Auto von Bus und Flugzeug abhängig. Das aber ist keine schlechte Alternative: Auf der dreitägigen Busfahrt von Fauske nach Kirkenes kann man sich nicht nur die nordnorwegische Landschaft in aller Ruhe ansehen und anderen Reisenden näherkommen, sondern auch nach Lust und Laune aussteigen und längere Aufenthalte einlegen. Die Busse fahren nur am Tage, die Teilabschnitte sind Fauske-Narvik (5 Std.), Narvik-Alta (11 Std.) und Alta-Kirkenes (10 Std.).

Mit dem Flugzeug

Allein auf den Inseln der Lofoten und Vesterålen gibt es fünf Flugplätze, die täglich mehrmals angeflogen werden. Auch Reisenden mit dem Auto wird empfohlen, einen Abstecher dorthin per Flug zu machen. Auf den meisten Strecken gibt es im Sommer kräftige Rabatte – es schadet nicht, bei einem Reisebüro in Norwegen nachzufragen.

Die wichtigsten Inlandsfähren

Oslofjord: Strömstad (Schweden)-Sandefjord und Moss-Horten

Stavanger und Umgebung: Stavanger-Tau und Valevåg-Skjærsholmane

Bergen und Umgebung: Våge-Halhjem und Sandvikvåg-Halhjem

Hardangerfjord: Bruavik-Brimnes, Utne-Kvanndal-Kinsarvik, Jondal-Tørvikbygd

Sognefjord: Oppedal-Lavik, Vangnes-Dragsvik/Balestrand und Aurland-(Revsnes-)Kaupanger

Nordfjord: Lote-Anda, Folkestad-Volda

Storfjord: Festøy-Sulevågen, Aursnes-Magerholm, Stranda-Liabygda

Molde/Kristiansund: Vestnes-Molde, Kanestraum-Halsanaustan

Trondheimsfjord: Valset-Brekstad und Flakneset-Rørvik

Helgeland: Holm-Vennesund, Horn-Igerøy-Tjøtta und Levang-Nesna

Lofoten/Vesterålen: Bodø-Moskenes, Skutvik-Svolvær, Bognes-Lødingen und Bognes-Skarberget

Bei Tromsø: Breivikeidet-Svensby und Lyngseidet-Olderdalen

Nordkap: Kåfjord-Honningsvåg

Oslo

Norwegens Hauptstadt – fast eine europäische Kleinstadt

Oslo ist anders – aber wie? Wer die norwegische Hauptstadt mit der Fähre ansteuert und die unzähligen Inseln und Holme im 100 km langen Oslofjord passiert hat, dem fallen das bewaldete Mittelgebirge im Hintergrund und das von Hafenanlagen, Fähr- und Frachtschiffen gesäumte Ufer auf. Dazwischen liegt eine europäische Kleinstadt, die in den letzten Jahren offenbar alles darangesetzt hat, ihr Aussehen zu verändern und dem Ruf einer Hauptstadt gerecht zu werden.

Reges Leben herrscht am Hafen von Oslo, vor allem im Sommer.

Stadtgeschichte

Irgendwann im 11. Jahrhundert wuchs am Ende des östlichsten norwegischen Fjordes der Handelsplatz Oslo zu einer Stadt heran. König Håkon V. (Regierungszeit 1299–1319) machte Oslo zur Hauptstadt des norwegischen Reiches. Bis 1514 war es Krönungsstadt, doch in der Hansezeit sank seine Bedeutung als Norwegens wichtigster Handelsplatz. Nach dem großen Stadtbrand 1624 ließ König Christian IV. die Stadt wieder aufbauen und ihren Namen in Christiania ändern, doch erst ab dem späten 18. und vor allem im 19. Jahrhundert wuchs der Ort zu einer Großstadt europäischen Formates heran. Die erste norwegische Universität öffnete 1813 hier ihre Tore, und seit 1814 war Christiania wieder norwegische Hauptstadt.

Ihre wachsende politische Bedeutung war entscheidend für das weitere Wachstum der Stadt, und zu Beginn des 20. Jahrhunderts war sie Norwegens wichtigster Importhafen. 1925 nahm

Für Seele und Gaumen: Nationaltheater und Freilicht-Restaurant.

Monumentale Skulpturen prägen den Vigelandspark.

OSLO

Christiania den alten Namen Oslo wieder an, und als 1948 der Bezirk Akershus in die Kommune eingegliedert wurde, war eine der Fläche nach größten Hauptstädte Europas entstanden, die eines der schönsten Naherholungsgebiete der Welt in ihren Stadtgrenzen hat.

Die 461 000 Einwohner bewohnen nur ein Viertel der insgesamt 453 km² Stadtfläche, und fragt man einen Osloer, was an dieser Stadt so schön ist, so lautet die kurze Antwort: Nordmarka.

Zu Nordmarka gehören das Skigelände von Holmenkollen, zahlreiche Seen, riesige Wälder und schier endlose Wanderwege, die zu erwandern Tage in Anspruch nimmt. Der Stadtkern jedoch ist der klimatisch begünstigte „Oslo-Kessel".

Sehenswürdigkeiten

Oslo ist übersichtlich gegliedert, das schachbrettförmige Zentrum leicht in zwei bis drei Stunden zu Fuß zu durchstreifen. Die Begegnung mit der Stadtgeschichte beginnt in

** **Akershus ❶**, der mächtigen Festung, die in mehreren Etappen an der Ostseite der Stadtbucht gebaut wurde. Håkon V. Magnusson machte um 1300 den Anfang, die Burg wurde im frühen 17. Jahrhundert unter Christian IV. in ein Renaissanceschloß verwandelt.

Innerhalb der Festungsmauern liegen heute das Norwegische Verteidigungsmuseum, das Heimatfrontmuseum und das Nationalmonument auf dem Festungsplatz. Das Schloß wird von der norwegischen Regierung für Empfänge genutzt, und in der Grabkapelle sind die Angehörigen der norwegischen Königsfamilie beigesetzt.

Weil sich das Zentrum der Stadt immer mehr in Richtung Norden auf die Achse Hauptbahnhof, Storting, Universität und Königliches Schloß verlagerte, blieben im Viertel zwischen Akershus und Hauptbahnhof einige Häuser aus der Christiania-Zeit erhalten. Hier finden Interessierte Relikte aus der Zeit vor der Reichsgründung 1814. Der im 17. Jahrhundert erbaute * *Stattholdergården* und der * *Mustadgården* sind in voller Größe erhalten. An der Rådhusgata liegen das älteste Osloer * *Rathaus* (1641), heute ein nobles Restaurant, das * *Rathaus von 1647* und das

* **Neue Rathaus ❷**, der alles überragende Blickfang am Hafen. Es wurde 1950 nach 17 Jahren Bauzeit seiner Bestimmung übergeben und ist Sitz der Stadtverwaltung sowie des Fremdenverkehrsamtes.

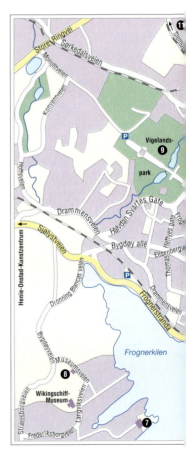

OSLO

Norwegens Prachtstraße und die bekannteste Einkaufsstraße des Landes, die * *Karl Johans gate,* die vom Hauptbahnhof bis zum Schloß führt, verkörpert das moderne Oslo. Im Sommer wie im Winter herrscht hier Großstadttrubel; Straßenkünstler, Verkaufsstände, internationales Sprachengewirr und Gedränge, das im Sommer eher gemächlich, im Winter dagegen hektisch wirkt.

In Höhe des * **Storting** ❸, des norwegischen Parlamentsgebäudes, das um die Mitte des vorigen Jahrhunderts erbaut wurde, endet die schmale Fußgänger-

❶ Festung Akershus
❷ Neues Rathaus
❸ Storting
❹ Nationalgalerie
❺ Königliches Schloß
❻ Aker Brygge
❼ Norwegisches Seefahrtsmuseum und Fram-Museum
❽ Norwegisches Volksmuseum
❾ Vigelandspark
❿ Museum für internationale Kinderkunst
⓫ Holmenkollen-Schanze

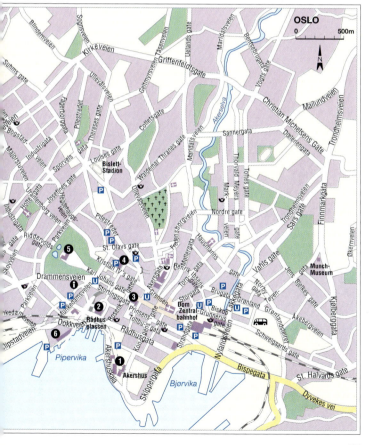

Polyglott 37

OSLO

zone. Nach dem erholsamen Genuß eines zwar teuren, aber exzellenten Kaffees mit „Napoleonskuchen" im altehrwürdigen Grand-Café – wo schon Henrik Ibsen jeden Nachmittag einkehrte – besucht man die

Nationalgalerie ❹ in der Universitetsgata, die größte und interessanteste Gemäldesammlung Norwegens (◯ Mo, Mi, Fr, Sa 10–16, Do 10–20, So 11–15 Uhr; Di geschl.; Eintritt frei). Neben einer Ausstellung von Munch-Originalen aus den Jahren 1880 bis 1916 sind hier über 3000 Werke norwegischer Maler zu sehen.

Die Karl Johans gate endet am **** Königlichen Schloß** ❺, mit dazugehörigem Park und einem riesigen Vorplatz. Von hier lohnt sich ein Blick auf die Hauptstraße hinunter: Der Oslo-Kessel ist der eindeutig schönste Teil der Stadt. Rechts, gerade zehn Fußminuten entfernt, liegt der Hafen. Oslo ist keine Stadt der langen Wege, und seine Einwohner sind eigentlich froh darüber, daß ihre Stadt beim besten Willen nichts mit einer der üblichen Metropolen gemein hat. Der Hafen hat in den letzten Jahren an Attraktivität gewonnen. Dort liegen der alte Westbahnhof, in dem regelmäßige Norwegen-Ausstellungen stattfinden, und die Kaianlagen von

* Aker Brygge ❻. Diese Promenade ist schon beim ersten Sonnenschein ein Erlebnis: Segelschiffe steuern die Kaianlagen an, auf denen Jung und Alt in einem der zahllosen Restaurants oder Cafés bei entsprechender Witterung großenteils im Freien beim Eis oder Bier sitzen, während im Hintergrund die Kauflustigen nur zwischendurch mal kurz die Sonne genießen.

Auf der anderen Seite der Hafenbucht reckt sich die Festung **** Akershus** ❶ in den blauen Himmel. Jetzt ist der Winter von hier ebenso weit weg wie der Rest von Norwegen: Aker Brygge wirkt südlicher als der südlichste Punkt Norwegens, und wenn sich im Juni die kurze Dunkelheit über den Oslofjord senkt, vergißt man ob seines hinreißenden Flairs sogar die Bierpreise.

Der Besuch der interessantesten Museen Oslos erfordert die Benutzung der öffentlichen Verkehrsmittel, was in dieser Stadt schon etwas Besonderes sein kann. Es beginnt mit einer Fährfahrt von Aker Brygge hinüber zur Halbinsel

** Bygdøy, dem feinsten Osloer Stadtteil und für ihre Besucher eine Art Norwegen en miniature. Direkt neben der „Gjøa", mit der Roald Amundsen von 1903 bis 1906 die Nordwestpassage durchquerte, legt die Fähre an.

Der Spaziergang durch die interessante Geschichte der Seefahrer- und Entdeckernation Norwegens beginnt mit dem Besuch des **Norwegischen Seefahrtsmuseums** (◯ tägl. 10–18 Uhr) und des **Fram-Museums** (◯ tägl. 9–17.45 Uhr), beide ❼, in denen das Holzfloß „Kon-Tiki" des Forschers Thor Heyerdahl, mit dem er und seine Mannschaft 1947 den Stillen Ozean überquerten, und das Ende des 19. Jahrhunderts gebaute, solide Polarschiff „Fram" zwei Etappen der maritimen Geschichte Norwegens dokumentieren.

Die drei Wikingerschiffe, die fünf Minuten vom Fram-Museum entfernt ausgestellt sind, waren in vielerlei Hinsicht Vorbilder für die Polarschiffe der Neuzeit. Das **Wikingerschiff-Museum** (◯ tägl. 9–18 Uhr) mit dem Gokstad-, Oseberg- und Tuneschiff ist ein idealer Abschluß dieses Ausflugs in die maritime Geschichte des Landes.

Wer noch genügend – das heißt viel – Zeit hat, bekommt im

Norwegischen Volksmuseum ❽ (◯ tägl. 10–18 Uhr), das schon 1894 seine Pforten öffnete, einen gründlichen Einblick in die norwegische Lebensweise von der Reformation bis heute. Dörfliche und städtische Architektur wurden in diesem zum Teil als Freilichtanlage (150 Holzhäuser) konzipierten Museum anschaulich wieder auf- oder nachgebaut. In den Innensammlungen sind Möbel, Hausrat und Werkzeuge ausgestellt, und unter den mittelalterlichen Gebäuden im Freilichtteil fällt vor allem die Stabkirche von Gol auf. Ob Geschichte der norwegischen Musik, Kirche, Pharmazie oder ein erster Einstieg in die samische Kultur – das Angebot an Exponaten ist zu groß, als daß man im Rahmen eines Kulturbummels durch die Stadt in wenigen Stunden bewältigen – und verdauen – könnte. Bleibt nur: gezielt wiederkommen.

Begegnung mit norwegischer Geschichte und Kunst

Auch diesen großen Kultur-Stadtbummel sollte man gemütlich angehen. Man nimmt sich dafür – zumal wenn man die Museen besuchen will – am besten zwei Tage Zeit.

Wem der Sinn nach mehr Kunst, diesmal kombiniert mit Natur, steht, fährt am nächsten Tag per Bus zum Olav Kyrres Plass und schlendert von dort am Vigeland-Museum vorbei (oder nach dessen Besuch) zunächst zum

**Vigelandspark ❾ (🕐 ganzjährig rund um die Uhr). Die über 200 monumentalen Skulpturen sprechen zwar nicht jeden Kunstgeschmack an, doch die Parkanlage ist einen Besuch wert. Bei Sommerwetter ein Tummelplatz für Jung und Alt, im Winter eine Skiloipe in Stadtnähe – bei Regenwetter bleibt der Kunstgenuß.

Von der Nordseite des Parks sind es nur zehn Minuten bis zu einem der neuesten und spannendsten Museen in Oslo. Im Lille Frøens Vei liegt das *** Museum für internationale Kinderkunst** ❿ (🕐 Di, Do, So 11 bis 16 Uhr). Hier sind nicht nur Kunstwerke von Kindern aus mehr als 80 Ländern zu bewundern, große und kleine Kinder dürfen ihren Phantasien in einer Werkstatt freien Lauf lassen und darauf hoffen, daß auch ihre Werke einmal in diesem Museum ausgestellt werden.

Vor dem Osloer Rathaus steht dieser dekorative Brunnen.

Fassadenmalerei setzt bisweilen recht eigenwillige Akzente.

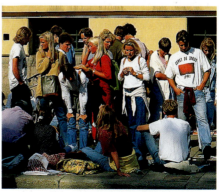

Studentischer Bücher-Flohmarkt – auch in Oslo.

OSLO

Nun die Stadt hinter sich lassen und das berühmte Umland mit seinen Villen, Wäldern und Wanderwegen entdecken! Die Haltestelle Frøen liegt an der Holmenkollen-Bahn, alle zwanzig Minuten schleppt sich ein Zug zum bekanntesten Berg Oslos hinauf. Das Ziel: ganze 227,7 m über dem Meer!

Natürlich lohnt sich ein Besuch im Skimuseum (○ tägl. 9–20 Uhr) unter der

** Holmenkollen-Schanze ⓫, und natürlich muß man oben auf der Schanze gewesen sein. Aber schon der Blick vom Stadion hinunter in den „Oslo-Kessel" und über den Fjord hinweg genügt: Diese Stadt ist wunderschön auch aus der Ferne und wegen ihrer Umgebung.

Praktische Hinweise

❶ Oslo Sentralstasjon, Jernbanetorget 1, N-0159 Oslo, ☎ 22 17 11 24, 🖷 22 17 66 13; auch Zimmervermittlung. ○ 8–23 Uhr.
Norwegisches Informationszentrum, Vestbaneplassen 1, N-0159 Oslo, ☎ 22 83 00 50, 🖷 22 83 81 50.
✈ nach Oslo-Fornebu nonstop u. a. aus Düsseldorf, Frankfurt/M., Hamburg, München und Zürich. Zubringerbus ab/bis Stadtmitte.
🚌 ab Hamburg über Kopenhagen.

Öffentliche Verkehrsmittel im Stadtverkehr: Die wichtigsten Informationen über die öffentlichen städtischen Verkehrsmittel und die drei Einzelfahrten lohnenden Tageskarten für Bus, U-Bahn und Straßenbahn gibt es im „Trafikanten" (Info-Haus mit Fahrkartenverkauf) vor dem Haupteingang des Hauptbahnhofs. Die Straßenbahn hat nicht nur nostalgischen Wert, sondern fährt nahe an den wichtigsten Sehenswürdigkeiten vorbei.

🏨 **Grand Hotel**, Karl Johans gt. 31, N-0159 Oslo, ☎ 22 42 93 90, 🖷 22 42 12 25. Gehobener Komfort, Geräumigkeit und sehr angenehme Atmosphäre besonders im Eingangsbereich. $))

Kringsjå Kurssenter, Sognsveien 218, N-0807 Oslo, ☎ 22 23 76 40, 🖷 22 18 48 44; 🚌 ab Nationaltheater, Haltestelle Kringjså. Einfacher Hotelstandard, etwas außerhalb des Zentrums, aber in sehr reizvoller Umgebung. $)
Hotell Bondeheimen, Rosenkrantzgate 8, N-0159 Oslo, ☎ 22 42 95 30, 🖷 22 41 94 37. Zentral gelegen und leicht zu erreichen. Gehört zu den billigsten unter den besseren Hotels. Traditionelles Ambiente und norwegische Gerichte. $)

⚠ **Bogstad Camping**, Ankerveien 127, N-0757 Oslo, ☎ 22 50 76 80; etwa 10 km westlich vom Zentrum; 🚌 Nr. 41 ab Nationaltheater. Zeltplatz, Stellplätze und Hütten.
Jugendherberge: Oslo **Vandrerhjem**, Haraldsheimen 4, N-0409 Oslo, ☎ 22 15 50 43; 🚌 Nr. 1 und 7 bis Haltestelle Sinsenkrysset. Voranmeldung erforderlich.

🍴 **Engebret Café**, Bankplassen 1, ☎ 22 33 66 94. Ältestes Restaurant der Stadt. Spezialität: Wild- und Fischgerichte. $))
Lofoten Fiskerestaurant, Aker Brygge, ☎ 22 83 08 08. Maritime Atmosphäre und exzellente Fischgerichte. $))
Maud's – et norsk Spisested, Vestbanestasjonen, ☎ 22 83 72 28. Typisch norwegische Gerichte sind hier „in" und werden sehr schmackhaft zubereitet. $)
Shalimar Restaurant, Konghellegata 5, ☎ 22 37 47 68. Pakistanisches Familienrestaurant mit interessanten Gerichten. Etwas abseits vom Zentrum (Straßenbahn!). $

Pubs und Diskos:
Die meisten liegen in den Nebenstraßen zur Karl Johans gate. Werktags zu empfehlen ist **Smuget** (Kirkegate), ansonsten **Tre Brødre**, Karl Johans gate, oder **Fridtjof's Pub** an der Ecke Universitetsgata/Fridtjof Nansens plass.

Literaturtip: Knut Hamsun: „Hunger" (Roman, 1890).

Bergen

„Ich bin nicht aus Norwegen, ich bin aus Bergen"

Jedes Jahr ab Februar marschieren fünf- bis achtzehnjährige Jungen samstags durch die zentralen Stadtteile von Bergen. Bis zum großen Finale am 17. Mai lernen sie marschieren nach Trommeltakt, je nach Alter haben sie eine Armbrust oder ein Holzgewehr geschultert, doch viel wichtiger: Sie werden zu richtigen Bergensern. Sie wohnen in den Stadtteilen um die Hafenbucht *Vågen* herum, sprechen den unwiderstehlichen Bergenser Dialekt und werden ihr Leben lang stolz darauf sein, hier geboren zu sein und dem *Buekorps* angehört zu haben. Solange sie marschieren und der Regen regelmäßig fällt, ist

Die berühmte Bryggen mit ihren Speicherhäusern, ein Werk der Hanseaten.

Blick vom Meer auf Bergens reizvolle Stadtkulisse.

Kindheitserinnerungen

„... Noch einmal sah ich die Klasse von fast 30 Jungen vor mir, die sieben Jahre lang, von 1949 bis 1956 zusammen die Schulbank gedrückt hatten.

Ich saß an einem der Fenster und hatte den Puddefjord im Blickfeld. Wenn der Unterricht zu langweilig war, glitt mein Blick nach draußen, wo Schiffe jeder Größe vorbeistampften: Schlepper und Askøyfähren, Lastschiffe und Passagierdampfer. Sie nahmen Kurs auf exotische Ziele wie Kleppestø und Rio de Janeiro, und sie riefen die unvermeidbare Vorstellung von Trockenfisch und Bananen wach. Den Duft von beidem. Den Anblick von Säcken und weißen Holzkisten mit blauen und gelben Deklarationszetteln. Das eine wurde beladen, das andere gelöscht. Hafenspeicher mit Kränen und Taljen, die an Galgen erinnerten. Schiebetüren, die in die leere Luft geöffnet wurden. Wir Kinder alle, mit ausgefahrenen Stielaugen, oben auf der Kante des Nordnesparks, geschützt hinter einem Zaun, meilenweit entfernt von Kleppestø und Rio de Janeiro."

Gunnar Staalesen: „Gefallene Engel", Kriminalroman (mit freundlicher Genehmigung des W. Butt Verlages, Kiel)

BERGEN

in Bergen alles in Ordnung. Überhaupt hört es ja nirgendwo auf der Welt so oft zu regnen auf wie in Bergen. Die Bergener machen ihre Witze über die Bergener, und an zahlreichen Autos klebt immer noch der berühmte Aufkleber: Ich bin nicht aus Norwegen, ich bin aus Bergen.

In Bergen erzählen die Baudenkmäler, Kirchen und die Wohnviertel um den Hafen herum von der Geschichte der Stadt. Trotz zahlreicher Stadtbrände ist Holz besonders auf der Nordseite von *Vågen*, der Hafenbucht, das bestimmende Baumaterial.

Die Stadtteile Sandviken und Nordnes um *Vågen* und den *Puddefjord* herum sind von erstaunlicher baulicher Homogenität und dokumentieren eine klare Grenze zwischen Kaufleuten und Seeleuten, Bürgern und Arbeitern.

Geschichte

Seit seiner Gründung 1070 war Bergen eine Schiffahrtsstadt, und im 12. und 13. Jahrhundert war es nicht nur Hauptstadt und kirchliches Zentrum, sondern auch wichtigster Hafen für einen regen Handel mit den Inselreichen im Westen. Der Tauschhandel Salz und Weizen gegen Trockenfisch blühte in der Hansezeit, vor allem, nachdem im 14. Jahrhundert mit der Gründung des Hanseatischen Kontors der gesamte Handel an deutsche Kaufleute gekommen war. Selbst als die deutschen Kaufleute langsam von den Meeren und aus der Stadt verdrängt wurden, blieb Bergen ein Anziehungspunkt für Menschen aus anderen Ländern.

Sehenswürdigkeiten

Bergen ist nach Güterumschlag eine der größten Hafenstädte der Welt, die Ölvorkommen in der Nordsee spielen eine immer größere wirtschaftliche Rolle, mehrere Vororte auf der anderen Seite der sieben Gipfel wurden in die Stadt eingegliedert – doch das Zentrum um den

Fischmarkt ❶ herum wirkt immer noch ebenso kleinstädtisch wie vor Jahrhunderten. Wenn ab acht Uhr morgens die frischen Dorsche, Seelachse, Garnelen und Krab-ben verkauft werden, steuern die Bergener auf ihren Stand zu und kaufen den Fisch, obwohl er nirgendwo so teuer wie gerade hier ist.

In den Cafés *Ervingen* und *Noreg* wird der Kaffee wie vor 40 Jahren mit frischer Sahne serviert, und das weibliche Personal läßt sich von nichts aus der Ruhe bringen.

Könige, Kirchen, der Regen, die Deutschen und der Humor – das ist

** **Bryggen** ❷, Bergens berühmteste Straße. Am anderen Ende dieser Straße mit ihren Speicherhäusern kommt man rechts zur

** **Marienkirche** ❸, gebaut in der ersten Hälfte des 12. Jahrhunderts. Die Grabsteine auf dem kleinen Kirchhof erzählen ihre eigene Geschichte: Die meisten Pfarrer dieser Kirche hatten deutsche Namen, bis weit ins 19. Jahrhundert wurde hier auf Deutsch gepredigt. In den angrenzenden

* **Schøtstuene** ❹ hatten sich 400 Jahre früher die hanseatischen Kaufleute vergnügt und, da sie unter sich waren, mit selbstgebrautem Bier nach immer gleichen Ritualen betrunken.

Sämtliche schriftliche Zeugnisse in den Feststuben sind in antiquiertem Niederdeutsch gehalten – hier und im

Hanseatischen Museum ❺, am Anfang von *Bryggen*, kommt man der Hansezeit ganz nah. Dazwischen liegt in einem Hinterhof am Ende der zahlreichen schmalen Gassen die *Galerie von Audun Hetland*, einem der besten Karikaturisten Norwegens. Vor allem das Verhältnis der Einwohner zum nassen Element wird von ihnen gründlich aufs Korn genommen, und so manches Motiv scheint direkt vor dem Eingang eingefangen worden zu sein.

Auf der linken Seite der Hafenbucht liegen die Einkaufszentren und der *Tor-*

BERGEN

galmenning, ein großer, straßenähnlicher Platz ohne Autoverkehr, an dem u. a. die besten Geschäfte der Stadt zu finden sind. Vor allem im Sommer herrscht hier Hochbetrieb.

Infolge der zahlreichen Stadtbrände wurden viele solcher „Almenning" genannten Plätze angelegt, die bei Bränden die Ausbreitung des Feuers auf die andere Straßenseite verhindern sollten.

Der Blick vom Rücken der Halbinsel *Nordnes* oder der *Johanneskirche* über das Zentrum hinüber zum berühmten Fløien ist geprägt vom reizvollen Kontrast zwischen dem Grün des Waldes,

❶ Fischmarkt
❷ Bryggen
❸ Marienkirche
❹ Schøtstuene
❺ Hanseatisches Museum
❻ Fløien
❼ Aquarium
❽ Lepramuseum
❾ Westnorwegisches Kunstgewerbemuseum

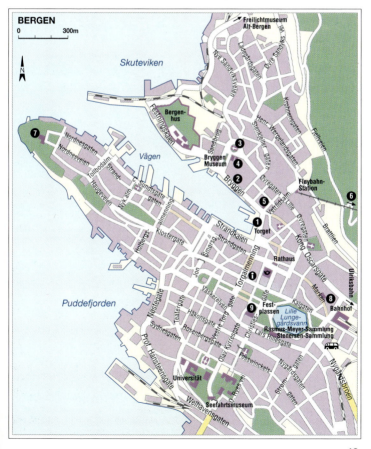

Polyglott 43

BERGEN

dem Blau des Meeres und den größtenteils weißrot gestrichenen Holzhäusern. Wem dieser Blick noch nicht genügt, der fährt natürlich zum *Fløien ❻ hinauf, um das Ganze von der Landseite zu überblicken. Im Westen schimmert hinter den vorgelagerten Inseln die Nordsee, im Südosten badet gleichsam der schneebedeckte *Folgefonn-Gletscher* im gleißenden Sonnenlicht – so der Wettergott will. Solche Sonnentage sollte man in jedem Falle ausnutzen und den Besuch im berühmten *Aquarium ❼ oder in einem der Museen auf später verschieben.

Museen

Wer kennt schon den Arzt Armauer Hansen? In einem ehemaligen Barackenhospital erinnert das *Lepramuseum ❽ mit einer Ausstellung an den Entdecker des Lepra-Bazillus (◷ im Sommer 11–15 Uhr). Auf der anderen Seite des Stadtteiches Lille Lungegårdsvann kommen Kunstliebhaber u. a. in der *Rasmus-Meyer-Sammlung* (norwegische Maler, v. a. Munch), dem *Städtischen Kunstmuseum* (norwegische Malerei des 19. u. 20. Jhs.) und dem **Westnorwegischen Kunstgewerbemuseum** ❾ (◷ 11–16, So 12–15 Uhr, in der Nebensaison tägl. 12–15 Uhr; alte Möbel und Silberkunsthandwerk aus Bergen) voll auf ihre Kosten.

Ausflüge

Die ****Stabkirche Fantoft**, 1992 durch Brandstiftung zerstört, wurde innerhalb von drei Jahren originalgetreu wieder aufgebaut. Sie liegt etwa 8 km südlich des Stadtzentrums. Busse fahren alle 20 Minuten ab ZOB (*Bystasjonen* neben dem Bahnhof), Bussteige 18, 19, 20. Nach etwa 10 Minuten ist die Haltestelle Fantoft erreicht. Der weitere Weg ist beschildert.

Von der gleichen Haltestelle geht es weiter zur Haltestelle *Hopsbroen;* der lohnende, etwa 15minütige Spaziergang nach Troldhaugen ist ebenfalls beschildert.

**Troldhaugen, ehemals Alterssitz Edvard Griegs, liegt etwa 10 km südlich des Stadtkerns. Als der Komponist 1885 in das neue Haus einzog, war er ein berühmter Mann, und daß er bis zu seinem Tod 1907 in seinem Geburtsort Bergen wohnen blieb, dankt man ihm hier noch heute. Troldhaugen ist ein Museum, zu dem auch ein kleines Gartenhäuschen – die Arbeitsstätte des Komponisten – und die in den Fels geschlagene Grabkammer für Edvard und Nina Grieg und der 1985 gebaute Konzertsaal gehören.

Praktische Hinweise

❶ Bryggen 7, 5003 Bergen, ☎ 55 32 14 80, 🖷 55 32 16 64, mit Zimmervermittlung.

✈ täglich Direktflug Hamburg–Bergen/Flesland. Zubringerbus bis/ab Stadtmitte.

🚆 mit der berühmten Bergenbahn (s. S. 34) von Oslo, viermal täglich.

⛴ Hanstholm–Bergen (dreimal wöchentl.; Fahrzeit 18 Std.; günstiges Autopaket) oder per Schiff Hirtshals–Kristiansand, dann mit der Bahn nach Stavanger und mit den *Kystlinjen* per Schiff nach Bergen.

Öffentliche Verkehrsmittel: Die Innenstadtbusse fahren von Olav Kyrres gate, Christies gate oder der Hauptpost ab, die Linien in die Vororte am ZOB.

🏨 Hotels

Hotel Hordaheimen, C. Sundtsgate 18, 5004 Bergen, ☎ 55 23 23 20, 🖷 55 23 49 50. In Hafennähe. Bäuerliche Traditionen, kombiniert mit modernem Design und Komfort. ⓢ))
Hotel Park Pension, Harald Hårfagresgate 35, 5007 Bergen, ☎ 55 32 09 60, 🖷 55 31 03 34. Eine der besten Pensionen, zentral, aber ruhig gelegen. ⓢ)
Pensjon Fagerheim, Kalvedalsveien 49 a, 5018 Bergen, ☎ 55 31 01 72. 20 Min. zu Fuß von der Stadtmitte. Busse Nr. 2, 4, 7 u. 11 ab Hauptpost. Freundlichkeit und Atmosphäre werden groß geschrieben. ⓢ

BERGEN

⚠ **Bratland Camping,** Brattlandsveien 105, 5233 Haukeland, ☎ 55 10 13 38. Straße 580, 20 Autominuten vom Zentrum. Campinghütten (4 Pers.), Campingzimmer (2 Pers.), Stellplätze u. Zeltplatz, gehobener Standard, Mai–Sept.

Jugendherberge: **Montana,** 5030 Landås, ☎ 55 29 29 00, 📠 55 29 04 75. Bus Nr. 4. Im Zentrum, in der Nebensaison ohne Frühstück. Vorbestellung erforderlich.

🍴 **Restaurants**

Munkestuen Café, Klostergate 12, 5005 Bergen, ☎ 55 90 21 49. An Wochenenden Tischbestellung erforderlich. 15 Sitzplätze, eine kleine Speisekarte, aber wegen der exzellenten Küche und des Weinkellers über die Landesgrenzen hinaus bekannt. (💲💲)
Enhjørningen, Bryggen, 5003 Bergen, ☎ 55 32 79 19. Berühmtes Fischrestaurant mit tollen Gerichten. (💲)

Gutes Bier in echter Bergen-Atmosphäre gibt's in den **Holberg-Stuen** ((💲)) auf dem Torgalmenning oder den **Wessel-Stuene** ((💲)) nahe dem Theater. Ein guter Pub mit internationalen Biersorten und relativ niedrigen Preisen ist **Café Hendrik,** direkt gegenüber dem Theatereingang. (💲)

Die alljährlich Ende Mai stattfindenden Musikfestspiele mit Jazz-Festival sind eine Hommage an Edvard Grieg, eine spannende Begegnung von internationalen Stars und nationalen Talenten. Während der Festspiele steht die Stadt Kopf, und selbst der Wettergott hat fast immer ein Einsehen.

Literaturtip: Die Kriminalromane von Gunnar Staalesen, erschienen im Wolfgang Butt Verlag, Kiel.

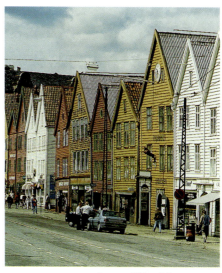

Bryggen: Blick auf die Speicherhäuser.

Auf dem Fischmarkt kauft der Bergener nur an „seinem" Stand.

Kristiansand

Seglermetropole und Schärengarten

Nach Kristiansand kommen die meisten Besucher – zudem meist nur auf der Durchreise – auf dem Seeweg. Die, die aus dem Bauch einer der Autofähren herausgerollt kommen, können mit einer Stadt Bekanntschaft machen, in der vieles an die dänischen Gründer und die Bürgerlichkeit vergangener Jahrhunderte erinnert. Kristiansand ist aber auch die Riviera Norwegens. Es lebt von seinem Ruf, Norwegens Seglermetropole zu sein, und das Umland ist der klimatisch bevorzugte Schärengarten voll blühendem Badeleben.

Nirgendwo sonst läßt sich die Bauleidenschaft Christians IV. einfacher rekonstruieren als in Kristiansand. Die strategische Lage an der Südspitze Norwegens und an der Mündung des Flusses Otra genügte dem dänischen König, um mit einem Zeigestock die vier Eckpunkte der neuen Stadt zu markieren. „Meine Herren Architekten, zwischen diesen vier Punkten bauen Sie bitte!" So oder zumindest so ähnlich muß es sich vor der Gründung der Garnisonsstadt Kristiansand abgespielt haben, und trotz zahlreicher Stadtbrände wurde diese Schachbrettform bis heute beibehalten, wurden die Häuserviertel wieder aufgebaut.

Interessant ist vor allem das Stadtgebiet zwischen Gyldenløvesgate und Kristian IV. gate: Angeblich ist es das größte in Holz gebaute Stadtviertel in ganz Europa. Sehenswert vor allem * **Det gamle hospital** ❶ in der Tordenskjoldsgate von 1709 und ein Patrizierhaus aus dem 18. Jahrhundert an der Ecke Gyldenløvesgate/Vestre Strandgate.

Das Zentrum von Kristiansand macht auch heute noch den Eindruck einer leicht versnobten Stadt.

Schon Christian IV. forderte die reichen Bauern aus dem Umland auf, ihren Wohnsitz auf die Halbinsel am Hafen zu verlegen. Trotzdem hatte die Stadt um 1800 nur 4800 Einwohner, und erst Segelschiffahrt und Schiffbau brachten sie in Schwung. In diesem Jahrhundert waren es besonders die verbesserte Infrastruktur zu Wasser und zu Land und die Position als Verwaltungszentrum von Südnorwegen, die Kristiansand mit heute 65 700 Einwohnern zur fünftgrößten Stadt des Landes heranwachsen ließen. Frühling und Sommer sind in Kristiansand länger als in anderen Gegenden Norwegens.

Die Rasenflächen um die 1672 errichtete ** **Festung Christiansholm** ❷ sind

---

Ans *** Nordkap 2518 km – ein Ausflug nach Lindesnes nur 79 km

Norwegens südlichster Punkt ist auch ein wunderschöner Ausblick über die Schären und die offene See, und es soll Leute geben, die gerade bei Sturm nach Lindesnes fahren. Die Fahrt führt mit dem Auto auf der E 18 westwärts bis nach Vigeland und von dort auf der Straße 460 nach Süden.

Am Ende der Straße liegt nur noch ein Parkplatz und der Leuchtturm von Lindesnes. Er kann bei schönem Wetter und wenn es noch hell genug ist bestiegen werden. Der Leuchtturmwärter Dybvik, der sich auch als Künstler betätigt, stellt hier eigene Aquarelle und Graphiken aus.

KRISTIANSAND

schon im Mai von Sonnenhungrigen besetzt, und die Segler kreuzen bis in den Oktober hinein im idyllischen Schärengürtel des Skagerrak.

11 Kilometer östlich des Zentrums liegt an der E 18 der

★★Tierpark mit der „Stadt Kardemomme" ❸, die nicht nur für norwegische Kinder ein Begriff ist. Das Kinderbuch „Die Räuber von Kardemomme" des Norwegers Torbjørn Egner wurde hier lebendig, und die Kombination von Tierpark und Miniaturstadt (nicht zu vergessen das *Automuseum Monte Carlo* direkt daneben) ist allemal einen Tagesausflug wert (◷ tägl. 9–18 Uhr).

Der ★ *Gimle gård*, 2 km von der Stadtmitte, ist ein prachtvoller Gutshof aus dem frühen 19. Jh., der jetzt ein Museum mit Gemäldesammlung, Stilmöbel und einer Porzellanausstellung birgt.

Blick auf Kristiansand.

Ein alltägliches Verkehrsmittel.

❶ Det gamle hospital
❷ Festung Christiansholm
❸ Tierpark mit der „Stadt Kardemomme"

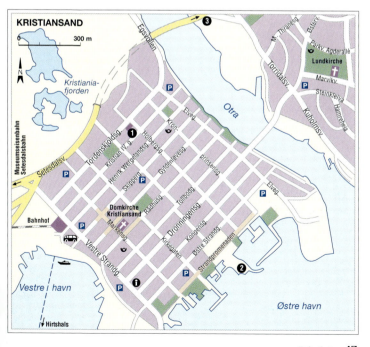

Polyglott **47**

Praktische Hinweise

❶ Kristiansand Turistkontor, Dronningensgate 2, 4600 Kristiansand, ☎ 38 02 60 65, 📠 38 02 52 55. Mit Zimmervermittlung.

✈ von Kopenhagen oder Oslo nach Kristiansand-Kjevik.
🚆 mit der Sørlandsbanen von Oslo.
⛴ Autofähre Hirtshals-Kristiansand, 3–4 Überfahrten täglich, Dauer 4 Std.

🏨 **Rica Fregatten Hotel,** Dronningensgate 66–68, 4610 Kristiansand, ☎ 38 02 15 00, 📠 38 02 01 19. Gemütlich und intim, mit fast südländischer Atmosphäre. Sehr gute Fleischgerichte im Hotelrestaurant. $))

Hotel Bondeheimen, Kirkegaten 15, ☎ 38 02 44 40, 📠 38 02 73 21; mitten im Stadtzentrum; familiäre Atmosphäre, recht kleine Zimmer, solides Frühstück, gute norwegische Küche. $)

⚠ **Hamresanden Familiecamping,** 4752 Hamresanden, ☎ 8 04 68 57, Geöffnet von April bis November, nordöstlich des Stadtkerns an der E18; Angebot an Zeltplätzen und Motelhütten, mit Sandstrand und Wassersportmöglichkeiten. $)

Studentsamskipnadens Ferieleiligheter, Elvegata, 4602 Kristiansand, ☎ 38 02 16 44, 📠 38 02 15 52. Vier Häuser mit gemütlichen Ferienwohnungen für vier bis sechs Personen, die vom Studentenwerk verwaltet werden. Unterschiedliche Lage, Selbstversorgung. $)

🍴 **Restaurant Sjøhuset,** Østre Strandgata 12a, ☎ 38 02 62 60; direkt am Gästehafen gelegen und besonders an schönen Sommerabenden zu empfehlen, variierte Speisekarte, etwas teurer. $))

Backgården, Tollbodgata 5, ☎ 38 02 79 55; ein kleines, angenehm ruhiges Restaurant mit sehr guter Küche. Preise sind norwegischer Durchschnitt. $)

48 Polyglott

Trondheim

Das Herz von Mittelnorwegen

Im Jahr 1681 erlebte Trondheim, was jede größere norwegische Stadt mindestens einmal erleiden mußte: Das Stadtzentrum wurde von einem vernichtenden Brand heimgesucht. Der Luxemburger von Cicignon und der Holländer Coucheron, beide erfahrene Militärarchitekten, bekamen die Aufgabe, auf der Halbinsel an der Mündung des Nidelv-Flusses eine neue Stadt zu planen.

Schon der Blick vom Marktplatz in die beiden Hauptstraßen, Munkegata und Kongensgate, vermittelt einen klaren Eindruck vom Baumuster: Nirgendwo ist die Bezeichnung „Stadtmitte" treffender als hier. Weil man Brände künftig vermeiden wollte, wurden die Straßen deutlich verbreitert. Dies und die gar nicht großstädtische Holzbebauung machen den Charme der Stadt aus, die „das Herz von Mittelnorwegen" genannt wird.

Geschichte

In Trondheim, heute mit 135 000 Einwohnern drittgrößte Stadt des Landes, wohnten schon Mitte des 11. Jahrhunderts fast tausend Menschen. Alles drehte sich damals um Olav den Heiligen: Olav Haraldsson, der 1030 in der Schlacht bei Stiklestad fiel, wurde hier begraben, und bis ins 13. Jahrhundert hinein war Trondheim Sitz der norwegischen Könige. Als 1152 das erste Erzbistum des Landes eingerichtet wurde, war die Stadt bereits ein Wallfahrtsort, und Pilger von nah und fern besuchten das Olavsgrab. Trondheims Stellung als geistliches Zentrum in Skandinavien war ungebrochen, bis die Reformation

TRONDHEIM

1535 auch Norwegen erreichte. Der erwähnte Stadtbrand von 1681 versetzte Trondheim den Dolchstoß, doch der Niedergang der Stadt wurde im 18. Jahrhundert gestoppt. 1767 erschien in Trondheim die erste Zeitung des Landes, und 1814 öffnete dort das erste öffentliche Theater Norwegens seine Türen. Als im Jahr 1877 die Eisenbahnlinie aus Christiania Trondheim erreichte, war die Stadt bereits wieder ein geistiges und wirtschaftliches Zentrum mit ergiebigem Umland.

Seit seiner Gründung profitiert Trondheim von der Lage am Nordmeer und in der Mitte des Landes – Transport und Handel sind auch heute ein sehr wichtiger Wirtschaftsfaktor.

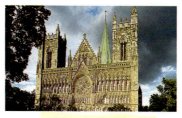
Der prachtvolle Nidarosdom.

Lagerhäuser aus dem 17. Jh.

Sehenswürdigkeiten

Der wunderschöne Blick hinunter vom populären Sonnenbadeplatz an der

*Festung Kristiansten ❶ oder ein Spaziergang durch die pittoresk anmutende *Nordre gate* bestätigen den Eindruck

❶ Festung Kristiansten
❷ Nidarosdom
❸ Ravnekloa
❹ Gamle Bybru
❺ Trøndelag folkemuseum
❻ Musikgeschichtliches Museum

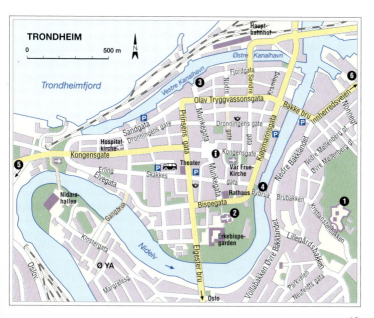

Polyglott **49**

TRONDHEIM

einer gelungenen Stadtplanung. Seitdem die Europastraße 6 weiträumig an der Stadt vorbeiführt, macht es richtig Spaß, durch die Dom- und Krönungsstadt zu schlendern.

Getreu der Tradition werden die norwegischen Könige noch heute im

** Nidarosdom ❷ zu Trondheim gekrönt. Dieses wohl schönste gotische Bauwerk in Nordeuropa ist allein schon eine Reiseunterbrechung wert. Die Domkirche wurde in mehreren Etappen ab dem Ende des 11. Jahrhunderts in spätromanischem und gotischem Stil errichtet. Zahlreiche Brände führten dann zu ihrer fast völligen Zerstörung, bevor 1869 mit dem kompletten Wiederaufbau begonnen wurde.

Es mag reiner Zufall sein, daß der Blick vom Nidarosdom durch die Munkegata bei guter Sicht erst an der kleinen Klosterinsel ** Munkholmen* endet. Um 1100 lag hier ein Benediktinerkloster, später war es Strafanstalt, heute werden hier Kaffee und Kuchen serviert.

Die Fähre hinüber nach Munkholmen legt von

* Ravnekloa ❸ ab, wo täglich frischer Fisch angeboten wird. Gerade das ist das Reizvolle an der Stadtmitte: die interessante Mischung aus Stein- und Holzhäusern, die durch das umgebende Wasser einen ganz eigenen Charakter erhält. Deshalb prägt sich der Blick von der alten Zugbrücke

* Gamle Bybru ❹ den Nidelv-Fluß hinunter so gut ein: an den Ufern die alten Speicher, die teilweise auf Holzpfählen stehen, und auf der Ostseite das steil ansteigende ehemalige Arbeiterviertel *Bakklandet*, wo die Holzhäuser gegenwärtig Straße für Straße saniert werden.

In historischem Rahmen eine kleine Verzehrpause einzulegen, bietet sich an. Zum Freilichtmuseum

* Trøndelag folkemuseum ❺ gehört das gemütliche **Restaurant Tavern,** wo sich bereits im 17. Jahrhundert eine Schankstube befand. Ebenso lebendig wird die Geschichte im

* Musikgeschichtlichen Museum ❻, in Ringve nördlich vom Stadtzentrum. Hier empfiehlt sich der Besuch eines Sommerkonzerts – dargeboten in historischen Kostümen und mit alten Instrumenten – oder auch nur ein Spaziergang im Botanischen Garten, der dem Museum einen wunderschönen Rahmen gibt.

Praktische Hinweise

❶ Munkegata 19, N-7011 Trondheim, ☏ 73 92 94 00. Mit Zimmervermittlung.
✈ Verbindung mit Oslo und anderen norwegischen Städten. Flughafen Værnes ca. 25 km. Zubringerbus.
🚆 Dovrefjell-Bahn von Oslo. Täglich viermal.
⛴ Hurtigrute (s. S. 33) von/nach Bergen.
🏨 **Hotel Britannia,** Dronningensgate 5, ☏ 73 53 53 53, 📠 73 51 29 00. Sehr zentral gelegen und nobel. Günstig mit Hotelpaß. $$$
Bakeriet Home Hotel, Brattørgata 2, ☏ 73 52 52 00, 📠 73 50 23 30. Klein und intim. Preise inkl. Halbpension. $$
Trondheim Vandrerhjem, Weidemannsvei 41, ☏ 73 53 04 90. Übernachtung in Vier- oder Sechsbettzimmern. $

🍽 **Havfruen,** Kjøpmannsgata 7, ☏ 73 53 26 26. Leckere Fischgerichte und stilvolle Atmosphäre in einem der alten Speicher am Nidelv. $$
Benitos Mat- og vinhus, Vår Frues strete, ☏ 73 52 64 22, ebenfalls in einem der Speicher, ist schon wegen des Wirts einen Besuch wert, denn er erinnert in Aussehen und Stimme an Pavarotti. Ab und zu wird eine Arie zum Nachtisch serviert. $$

Ein markanter Blickfang von Ravnekloa am Nordende der Munkegata ist die hohe Turmuhr.

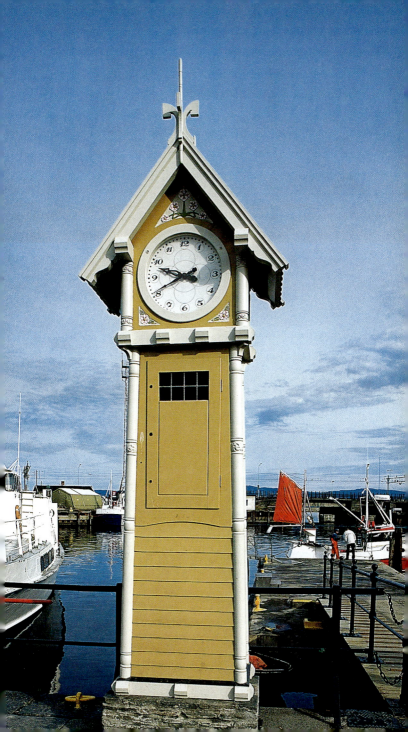

Tromsø

„Paris des Nordens" und „Tor zum Eismeer"

Natürlich hat Tromsø die nördlichste Universität der Welt und vieles mehr, was es nördlich dieser Stadt nicht mehr gibt. Doch wichtiger ist, daß die Sonne hier im Jahresdurchschnitt genauso oft scheint wie auf Mallorca, daß die weißen Nächte von Leben erfüllt sind, der Fisch wie seit Jahrhunderten hier angelandet wird – und daß alle, die Tromsø besuchen, auch gern wieder hierher zurückkommen. Ein internationales Kino- und ein Musikfestival in feuchtkalten Januarnächten, im Sommer dann Mack-Bier und Möweneier, Küstenkultur und Mittsommernachtsfeste. Wer sagt jetzt noch, daß das Leben so weit im Norden nicht schön sein kann.

Selbst Zugereiste geben zu, daß die Tromsøer zu leben verstehen, und weil es hier pro Kopf mehr Kneipen als irgendwo sonst in Norwegen gibt, erfand man für diese Stadt den Beinamen „Paris des Nordens".

Tromsø ist der Fläche nach die größte Stadt Norwegens, doch Handel und kulturelles Leben konzentrieren sich auf einer kleinen Insel im Tromsøsund. Die für den Seehandel mit dem Norden ideale Lage im Sund machte diesen Platz schon früh zu einem Handelszentrum. Daß Tromsø jedoch erst 1794 die Stadtrechte bekam, hatte mit der bis dahin führenden Position von Bergen und Trondheim zu tun. Hier oben im Norden trafen sich nun russische, britische, holländische und deutsche Schiffe zum Laden und Löschen, und ab Ende des 19. Jahrhunderts starteten von Tromsø aus zahlreiche Expeditionen in die Arktis, was der Stadt den zweiten Beinamen „Tor zum Eismeer" einbrachte.

Sehenswürdigkeiten und Ausflüge

Kunstinteressierten sei in Tromsø der Besuch der

*Universität ❶ im Stadtteil Brevika empfohlen. Die künstlerische Gestaltung dieses durchweg funktionalistischen Gebäudekomplexes ist beeindruckend gelungen, besonders faszinierend ist das Kunstwerk „Labyrinthen" auf dem Campus.

Ein zwar kleines, aber pädagogisch gut gestaltetes Museum ist das

*Polarmuseum ❷. Die Eismeerfischerei hier ist das zentrale Thema, und dem Polarforscher Roald Amundsen, der von Tromsø aus zu seiner letzten Reise aufbrach, ist eine eigene Ausstellung gewidmet (🕐 tägl. 11–17 Uhr). Fast schon Pflicht ist der Besuch der elfgiebeligen

**Eismeerkathedrale ❸, deren Form und Farben die dunkle Jahreszeit und das Nordlicht symbolisieren (🕐 1. 6. bis 15. 8. werktags 10–17 Uhr, So 13 bis 17 Uhr). Ein riesiges Glasgemälde nimmt die gesamte Ostwand ein.

Wer kein eigenes Auto nach Tromsø mitbringt, sollte sich bei der Touristeninformation über Busausflüge in die nähere Umgebung informieren.

Für Autofahrer lohnen sich vor allem zwei Abstecher:

Etwa 25 km südwestlich von Tromsø liegt auf der Insel Kvaløya der Ort

*Straumhella. Hier grasten in grauer Vorzeit in den Sommermonaten die Rentiere, und Felszeichnungen aus drei verschiedenen Perioden erzählen von der Jagd auf das begehrte Wild. Auch wurden in Straumhella alte Arbeiterhäuser aus Tromsø wieder aufgebaut, und ganz wie zu Zeiten einer aktiven Arbeiterbewegung ist es erlaubt, hier gratis sein Zelt aufzuschlagen.

Natur pur ist die Fahrt von Tromsø Richtung Westen zum kleinen Dorf

TROMSØ

Tromvik (50 km). Auf teilweise sehr engen Straßen geht es über Gebirge und dann zum Fjord hinunter bis zum Dorf

**Grøtfjord, das wie eine Perle in der Landschaft versteckt liegt. Einheimische behaupten, daß hier die schönsten Sandstrände Nordnorwegens sind. Am Ende des etwas mühsamen Weges bildet der Blick aufs Meer den krönenden Abschluß dieses reizvollen Ausflugs.

Praktische Hinweise

❶ Storgata 61, N-9001 Tromsø,
☎ 77 61 00 00, 📠 77610010.
🕐 8.30–16 Uhr (1. 6.–15. 8.: 8.30 bis 18 Uhr). Information, Zimmervermittlung.

Blick auf die Hauptattraktion der Stadt, die Eismeerkathedrale.

✈ täglich mehrere Direktflüge ab Oslo. Flugzeit beträgt etwa 2 Std.
🚌 täglich 9.30 Uhr ab Fauske (nördlichster Bahnhof des Landes). Fahrzeit 10½ Std.; Umsteigen in Bardufoss.

❶ Universität
❷ Polarmuseum
❸ Eismeerkathedrale

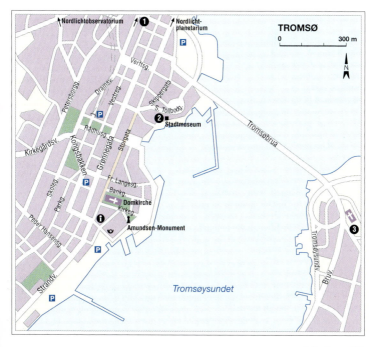

🚢 Hurtigrute täglich von Norden oder Süden. Empfehlung: Zugfahrt Oslo–Bodø, anschließend Hurtigrute bis Tromsø. Dauer der Schiffsfahrt: 24 Std.

🏨 Hotels

Rainbow Polar Hotell, Grønnegata 45, ☎ 77 68 64 80, 📠 77 68 91 36. Zentrale Lage und nüchternes Ambiente. Ⓢ

Viking Hotell, Grønnegata 45, ☎ 77 65 76 22, 📠 77 65 55 10. Ein klassisches und gemütliches kleines Bed & Breakfast-Hotel. Ⓢ

Skipperhuset Pensjonat, Storgata 12, ☎ 77 68 16 60. Mitten im Zentrum gelegen, einfach im Stil und mit angeschlossener Cafeteria, also kein Luxus. Ⓢ

⚠ **Tromsdalen Camping**, N-9020 Tromsdalen, ☎ 77 63 80 37. Hütten ab 200 Kronen/Nacht (nur Betten und Kochplatte). Etwa 3 km vom Zentrum.

🍴 Restaurants

Brankos mat- og vinhus, Storgata 57, ☎ 77 68 26 73. Sehr gute Fleischgerichte und freundliche Bedienung. An Wochenenden Tischbestellung ratsam. Ⓢ

Arctandria Restaurant, Strandtorget 1, ☎ 77 61 01 01. *Das* Fischrestaurant in Tromsø. Maritime Atmosphäre, die ganz Nordnorwegen zu vermitteln versucht. Arktische (!) Spezialitäten. Ⓢ

Studenthuset A/S, Skippergata 44, ☎ 77 68 44 10. Hier gibt es zwar nur Pizza, dafür aber die beste. Ungezwungene, aber keineswegs lärmende Atmosphäre. Ⓢ

Skarven, im Stadtzentrum, ☎ 77 61 01 01. Recht groß und immer gut besucht, aber trotzdem urgemütlich. In diesem Wirtshaus gibt es das beste Bier und die besten norwegischen Witze. Ⓢ

Literaturtip: Christoph Ransmayr: „Die Schrecken des Eises und der Finsternis" (Roman, Fischer).

54 Polyglott

Route 1

Im Land der Fjorde und Fähren

Stavanger – Bergen – Ålesund – Trondheim (869 km, 5 Tage)

Die Landesstraße 1 ist die Lebensader an der norwegischen Westküste. Die Nordsee liegt immer in der Nähe, unzählige Fjorde sind zu überqueren, und deswegen sollten ein geringer Stundenschnitt an Fahrtkilometern, Fähr-, Tunnel- und Brückengebühren einkalkuliert werden.

Fjordnorwegen, wie dieser Teil des Landes gern genannt wird, bietet eine unerreichte landschaftliche Vielfalt – das offene Meer, die Fjorde, Schären, Inseln und die Orte, die im Laufe der Jahrhunderte im Windschatten der Stürme herangewachsen sind. Dazu Dörfer, in denen die Tageszeitungen erst am Nachmittag eintreffen und die Bewohner lieber zu wenig als zuviel reden. Fjordnorwegen ist Wandern an Sandstränden, über Klippen, durch Wälder und im Hochgebirge. Der Blick vom Wasser aus auf diese Region ist ein seltener Genuß und auch wer mit dem Linienbus reist, sollte sich daher ab und zu einen Abstecher auf See gönnen. Die leider etwas teuren Katamaranfähren laufen selbst kleinere Orte und Inseln an.

Stavanger (98 000 Einw.) ist, seit Anfang der 70er Jahre das „schwarze Gold" nach Norwegen kam, die Ölmetropole des Landes. Im Fjord vor der Provinzhauptstadt von Rogaland zeugen Plattformen und die orangefarben gestrichenen Versorgungsschiffe vom neuen Reichtum. Beim Spaziergang durch die Straßen drängt sich der Eindruck einer wohlhabenden und etwas hektischen Stadt auf. Nur die Innenstadt zwischen dem Hafen und dem Stadtteich lädt zum Verweilen ein: Hier wurde die alte Holzbebauung saniert und das ursprüngliche Stavanger mit Kopfsteinpflaster und Fußgängerzonen wiederbelebt. Diesen schönsten Teil der Stadt überragt die *Domkirche,* die die Altstadt von den Hauptverkehrsstraßen abschirmt.

Plattformen im Meer weisen Stavanger als Ölmetropole aus.

❶ Touristenpavillon am Bahnhof, ☎ 51 53 51 00 (mit Zimmervermittlung); Rogaland Touristeninformation, Øvre Holmegate 24, 4006 Stavanger, ☎ 51 89 50 03, 📠 51 89 50 01.
✈ Flughafen Sola, 20 km südlich der Stadt.
🚆 Endstation der Sørlandsbanen.

🏨 **Skagen Brygge Hotel,** Skagenkaien 30, 4006 Stavanger, ☎ 51 89 41 00, 📠 51 89 58 83. Direkt am Kai, angenehmes Ambiente und mit 14 guten Restaurants gleich nebenan. 💲💲
(Im Juli 💲 Sommerangebote.)
⛺ **Mosvangen Camping,** Tjensvoll, ☎ 51 53 29 71. Lage, Komfort und Preise o. k. Campinghütten. Zentral gelegen. 💲

Kartoffeläcker und Tor zu den Fjorden – drei Ausflüge

Die besten Sandstrände und die ergiebigsten Kartoffeläcker Norwegens liegen in der Landschaft Jæren, südlich von Stavanger. Bei schönem Wetter ist ein Tagesausflug von Stavanger auf der Straße 44 bis Egersund und zurück über die E 18 (166 km) genau das richtige. Wer baden, sich in Sanddünen sonnen oder die vielfältigen Seevögel beobachten will, macht den kleinen Umweg über die Straße 507, das Herz des Nordseeweges – in Westnor-

In der pittoresken Altstadt von Stavanger.

ROUTE 1

wegen kommt man viel zu selten an das offene Meer.

Zwei der bekanntesten norwegischen Fotomotive sind schon genug, um aus Stavanger das „Tor zu den Fjorden" zu machen. Mit der Fähre geht es zunächst nach Tau, dann 15 km auf der Straße 13 in Richtung Südosten, 6 km auf einer Gebirgsstraße und zwei Stunden per Fußmarsch, der kräftige Waden, Ausdauer und gutes Wetter voraussetzt – bis man dann urplötzlich ein fürchterliches Kribbeln im Magen spürt. Der glattgewaschene

**Predigtstuhl stürzt hier 600 m senkrecht in den *Lysefjord, und das Panorama ist gewaltig. Wer keine Höhenangst hat, kann unten auf dem Fjord den Ausflugsdampfer sehen, der die bequeme Alternative anbietet.

Die sehr empfehlenswerten Lysefjord-Fahrten starten täglich in Stavanger (❶ im Touristenpavillon) und geben neben dem Erlebnis einer phantastischen Natur einen buchstäblich tiefen Einblick in die Geschichte der norwegischen Wasserkraft.

Moderne westnorwegische Infrastruktur vom besten: Wenige Kilometer nördlich von Stavanger taucht die Route in den 5860 m langen Stadtfjordtunnel ab, der Ende 1992 eröffnet wurde und der längste unterseeische Tunnel Skandinaviens ist. Endlich wieder an der Erdoberfläche, ist erst einmal die saftige Mautgebühr zu bezahlen, bevor es nach einer Brückenfahrt für 4405 lange Meter wieder abwärts geht. Die derart „unterkellerte" Schärenlandschaft würde nicht einmal mehr von den Blicken der Reisenden gestört werden – gäbe es nicht zwischen beiden Tunneln die Abzweigung nach Mosterøy und zum

---

Wale, Wandel, Welthandel

Die Straßen 565 und 57: Knarvik–Radøy–Fedje–Leirvåg–Oppedal (117 km extra)

Vom Festland aus sind nur graue Felsen in der offenen See, ein paar Häuser und der Leuchtturm an der Südwestspitze zu sehen. Wenn die Fähre von Sævrøy nach 25 Minuten Fahrt im Hafen von

**Fedje festmacht, ist eine Fischereigemeinde mit langer Geschichte erreicht. Die Kirche ist Blickpunkt, und am Kiosk warten einige Jugendliche auf eine lebenswerte Zukunft und Arbeitsplätze. Doch neben der Fischzucht gibt es kaum Arbeitsmöglichkeiten. Vorbei sind die Zeiten, wo alle Männer von hier zum Walfang aufbrachen und die Heringsschwärme an Fedje vorbeizogen. Die beiden Walfangboote auf der Insel fahren im Sommer nach Norden, um die erlaubten vier bis fünf Tiere zu fangen, die Sardinenfabrik ist stillgelegt worden, und die Lachsräucherei liegt auf einer anderen Insel. Noch wohnen hier 700 Menschen. „Frische Luft, Ruhe und gute Nachbarschaft. Wo gibt's das denn noch?" Durch die Fahrrinne nördlich der Insel gleiten riesige Öltanker zur Raffinerie Mongstad oder zu den Abnehmerländern in aller Welt vorbei.

Das ist die Zukunft von Fedje, die Lotsenstation ist heute ein wichtiger Arbeitsplatz. Die Lotsen sollen die Katastrophe verhindern, an die niemand denken mag – selbst wenn im Januar die fürchterlichen Nordweststürme über Fedje hinwegfegen.

⚠ **Kræmmerholmen**, 5133 Fedje, ☎ 56 16 42 05, 📠 56 16 42 06. Wunderschön restaurierter Handelsplatz aus dem 18. Jh., heute Restaurant und Küstenmuseum. Die Seehäuser bieten die Möglichkeit, ausgiebig Wassersport zu treiben. Ⓢ

ROUTE 1

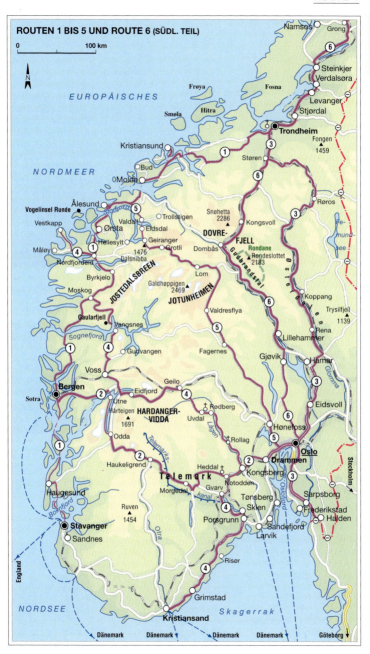

ROUTE 1

** Kloster Utstein. Die Küste in der Nähe des Klostergartens ist eine Augenweide (Fahrten zum Kloster ab Stavanger; ❶ in der Touristeninformation).

Noch lange wird Westnorwegen von Autofähren abhängig sein – Tunnel oder Brücken über die breitesten Fjorde sind selbst Norwegern zu teuer. Es beginnt in

Rennesøyy, 30 km, mit der Überfahrt über den Boknafjord, der bei starken Winden nicht gerade zu den freundlichsten Fjorden zählt. Die Fähre ab

Skjærsholmane, 104 km, bringt Reisende zur Südspitze der Insel Stord. An deren Nordspitze legt in Sandvikvåg, 137 km, die Fähre zur Bergen-Halbinsel ab. Bei Steinestø, 188 km, nördlich von Bergen (s. S. 41), überquert eine imposante, 1220 m lange Pontonbrücke den Fjord, und auf der anderen Seite wartet eine Landschaft, die eigentlich nur bei Sonnenschein ihre Reize hat. Wenn sich düstere Wolken von Westen über die Region Nordhordaland und das Tal Romarheim schieben, wird so richtig deutlich, wie karg Westnorwegen ohne Fjorde und die See eigentlich ist. Schafe sieht man öfter als Menschen, Steinadler drehen einsam ihre Runden, und die wenigen Dörfer wirken selbst am hellichten Tage verschlafen. Man möchte den Straßenbauern danken, die hinter Matre, 255 km, drei Endlostunnel ins Gebirge gesprengt und so den Weg zum Sognefjord verkürzt haben.

* Brekke, 280 km, ist ruhiger geworden, seitdem die Landesstraße 1 und damit eine wichtige Fährverbindung nach Oppedal verlegt wurde. Brekke ist blühende Natur; das Herrenhaus Lovisendal von 1750, lange Zeit Sitz des Landrichters, überragt mit seiner mächtigen Buche das Dorf. Hier öffnet sich der Sognefjord in seiner ganzen Schönheit.

🏨 **Brekkestranda Fjordhotel.**
5950 Brekke, ☎ 57 78 55 00,
📠 57 78 56 00. Originelle Innengestaltung. Es gibt keine rechten Winkel, und fast alle Zimmer haben einen Ausgang zum Garten und Blick auf den Fjord. Ⓢ

An der Nordseite des Sognefjords liegt die Region *Sogn og Fjordane*, bekannt für ihre tiefen Fjorde, ihre zerklüftete Küste, ihre Hochgebirge und Gletscher, aber auch für Puritanismus, Enthaltsamkeit und last but not least für ihre amerikanische Country-Kultur. (Die großen Wagen der eingeladenen Country-Musiker aus den USA sind im Stadtbild keine Seltenheit.) Hier wohnen auf 5,8 % der Landesfläche nur gut 100 000 Menschen. Es mag an dem Überfluß an reiner Natur liegen, daß „Sogninger" durchweg gesünder sind und länger leben als andere Norweger – Tatsache ist, daß das Leben mit und von der Natur für die Menschen dieser Region auch heute noch am wichtigsten ist. Man lebt dort vor allem von Landwirtschaft, Fischerei und Tourismus. Ortschaften wie *Vadheim*, 311 km, und *Förde*, 347 km, sind jedoch nicht mehr als willkommene Verschnauf-Stopps auf dem Weg zu den wirklichen Erlebnissen im „Land der Fjorde und Gletscher".

Spätestens in

Vassenden, 366 km, ist eine vom Binnenklima geprägte Landschaft erreicht. Ein riesiger See unterhalb der Ausläufer des Gletschers *Jostedalsbreen*, feiner Ufersand, blühende Wiesen und ein milder Wind sind Grund genug für eine ausgedehnte Pause. An beiden Ufern des Sees liegen interessante Kunstgalerien, und wer sich Zeit lassen will und kann, fährt auf der östlichen Seeseite in Richtung Norden, um den Hof **** Astruptunet** zu besuchen. Hier lebte Westnorwegens großer Maler Nikolai Astrup (1880–1928), und zahlreiche Motive aus den Ausstellungen seiner Gemälde findet man um den See herum in natura wieder. Bei

Byrkjelo, 409 km, ist das *Vådedal* durchquert – bekannt für die Ziegenherden, die sich auf das Anbetteln von

58 Polyglott

ROUTE 1

Reisenden spezialisiert haben. Die Region *Nordfjord* lebt von Viehwirtschaft und Fjordinger-Zucht, und Reitferien mit diesen zähen Warmblütern haben eine lange Geschichte. Nördlich von Nordfjordeid werden beim Bootsbauer Jakob Helset in

*Bjørkedalen Wikingerschiffe wie vor 1000 Jahren gebaut. Aufträge gibt es genug, und jedes Jahr im August findet auf dem See eine Regatta statt.

Blick auf die Insel Fedje, eine etwas trügerische Idylle.

△ **Bjørkedalen Camping**, 6770 Nordfjordeid, ☎ 70 05 20 43. Stilvolle Blockhäuser. Herrliche Waldlage. ⓢ

Volda, 483 km, ist ein wichtiges Hochschulzentrum in der Region *Sunnmøre*. Zwischen Fjord und steiler Bergwand führt die Landesstraße 1 schließlich über *Ørsta* (s. auch Route 5, S. 79) zur Fähre Festøy–Solevåg, 530 km. Kurz dahinter ist die Abzweigung nach *Ålesund* (s. Route 5, S. 79) erreicht.

Ein immer wieder attraktives Fotomotiv: Lysefjord.

Die Vogelinsel **Runde – ein Abstecher

(Hin und zurück 110 km, 1 Fähre)

Fisch ist vor allem in den Inselgemeinden Westnorwegens die wichtigste Lebensgrundlage, Angler und Taucher stellen ihm nach, und Tausende von Seevögeln sind von ihm abhängig.

Das sind Gründe genug, die Insel Runde im äußersten Westen von Sunnmøre zu besuchen. Über schmale Brücken geht es an Fischerdörfern, vertäuten Kuttern und Trockenfischstativen vorbei zur Vogelkolonie. Der Weg von der Straße bis zum 300 m steil abfallenden Felsen mit den Nistplätzen hat etwas Unnorwegisches: Das Gras auf der Landseite wird von Schafen kurzgehalten, und kein Strauch hat sich gegen Wind und Vierbeiner behaupten können. Erst

Die Papageitaucher fühlen sich sichtlich wohl.

ROUTE 1

kurz vor dem Ziel übertönt Vogelgeschrei den kräftigen Wind – Dreizehenmöwen und Papageitaucher bilden die größten Kolonien, insgesamt nisten auf dem *Rundebranden* 32 Seevogelarten.

Doch Runde lockt nicht nur mit tosender Brandung, seichten Stränden und schreienden Vögeln. Selbst im kalten Herbst kommen Taucher hierher – zur Schatzsuche. Reich beladene Schiffe liefen im Laufe der Geschichte vor der Insel auf Grund, und der bekannteste Fund (1972) stammte vom holländischen Schiff *Akerendam,* das hier 1725 sank. Wie es nun einmal mit solchen Funden ist – die Zahl der noch nicht entdeckten Schätze steigt weiter an.

Die Route biegt in *Spjelkavik* nach Osten, in Richtung

Molde, 600 km, ab. Die Fährfahrt in die Rosenstadt bietet dank der Aussicht auf nicht weniger als 87 schneebedeckte Gipfel eine herrliche Abwechslung. Molde blickt auf eine lange Geschichte als Fischereistadt zurück; im *Fischereimuseum* auf der herrlichen Insel *Hjertøya* hat man versucht, den Alltag der Küstenbewohner, Fischereigeräte und Boote zu rekonstruieren. Sogar in eine Tranbrennerei kann man hineinschauen – wenn man nicht doch lieber die würzige Seeluft genießen möchte.

❶ *Turistinformasjonen* im Rathaus, ☎ 71 25 71 33, 🖷 71 25 49 18.

🏨 **Hotel Knausen,** ☎ 71 25 15 77, 🖷 71 21 52 87, 3 km östlich von Molde. Guter Standard, großartiger Blick auf die Berge von Romsdalen. 💲

Die Region *Nordmøre* zwischen den Fjorden im Süden und der zerrissenen Küste ist ein Eldorado für Wanderer. Rund 30 km nordwestlich von Molde ist die **Trollkirche** eine phantastische, von der Natur geschaffene Sehenswürdigkeit.

Etwa anderthalb Stunden zu Fuß von der Straße entfernt liegt etwa 380 m über dem Meer eine Felsenhöhle. Sie besteht aus drei Hallen und ist fast 70 m lang.

Der Weg von Molde nach Kristiansund ist seit einigen Jahren um eine Attraktion reicher – und wieder einmal ist dies der norwegischen Straßenbaukunst zu verdanken. Die mautpflichtige *Atlantikstraße* besteht aus zwölf Brücken und Steindämmen, die Inseln und Holme miteinander verbinden. Besonders bei starkem Wind hat man das Gefühl, das Meer zu durchfahren.

Der Weltumsegler Ragnar Thorseth und seine Frau haben wieder Leben in das Fischerdorf *Håholmen* an der Atlantikstraße gebracht. 1968 verließen die letzten Fischer den Ort, der heute zu den originellsten Urlaubsquartieren der Westküste zählt.

🏨 **Håholmen Havstuer A/S,** 6533 Kårvåg, ☎ 71 51 24 12, 🖷 71 51 25 02. Die Zimmer und „Rorbuer" (= Ruderhäuser) haben durchaus den Standard guter Hotels, doch hier draußen am offenen Meer ist der Komfort nur ein angenehmes Extra. 💲

Kristiansund (17 000 Einw.), 682 km, ist die letzte Stadt auf der Reise durch Fjordnorwegen. Der Aussichtspunkt *Varden* nahe der Stadtmitte ist ein idealer Platz, um einen Eindruck von dieser Hafenstadt zu gewinnen und von der Küste Abschied zu nehmen.

❶ Kong Olavs gate 1, 6500 Kristiansund, ☎ 71 67 72 11, 🖷 71 67 66 57.

Über eine letzte Fähre und an schmalen Fjorden entlang schlängelt sich die Straße bis nach *Surnadal,* 745 km, müht sich vor dem Wintersportort *Rindal* noch einmal nach oben und begleitet durch waldreiche Täler den Orkla-Fluß bis zur Mündung in

Orkanger, 825 km. Die Lachsangler, die im Sommer an Surna und Orkla stehen, haben vielleicht nicht einmal ein Auge dafür, daß gleich nebenan der fruchtbare Boden bestellt wird.

Von hier sind es noch etwa 44 km bis *Trondheim* (s. S. 48).

Route 2

Von Ost nach West

Oslo – Drammen – Telemark – Haukeligrend – Odda – Bergen
(525 km, 3 Tage)

Einmal quer durch: Ballungsgebiete im Osten, die waldreiche Telemark mit ihren lieblichen Dörfern und bäuerlichen Traditionen, die karge Vidda und der Hardangerfjord, der Obstgarten Norwegens. Im Westen dann schließlich das offene Meer und die nackten Felsen, zwischen denen seltene Seevögel, Taucher und Angler ihr Paradies gefunden haben. Sommerurlaubern werden die zahlreichen Tunnel über den Haukeli-Paß auffallen – sie sind lebensnotwendig, denn diese Route ist eine der wenigen Winterverbindungen zwischen Ost- und Westnorwegen.

Malerische Landschaft bei Lofthus am Hardangerfjord.

„Gottes Hülfe in der Noth" – Spuren von deutschen Ingenieuren und Bergleuten gibt es in

Kongsberg (21000 Einw.), 84 km, zuhauf. Die Silbergrube mit besagtem Namen ist nur nach Vereinbarung zugänglich, sonst werden die alten **** *Gruben in Saggrenda*,** 7 km von der Stadtmitte, angesteuert. Der Minizug bringt die Besucher 230 m weit ins Berginnere, zu einer Station, 342 m unter der Erdoberfläche, wo ein Unikum mit deutschem Namen wartet: „Fahrkunsten" war der erste Fahrstuhl, der die Bergleute nach unten und oben transportierte. 1623 wurde in Kongsberg erstmals Silber gefunden, deutsche Spezialisten bauten die Produktion auf, in ihren besten Zeiten waren in den Gruben bis zu 4000 Mann be-

Eine grandiose Gebirgslandschaft umgibt die Ortschaft Røldal.

Polyglott 61

ROUTE 2

schäftigt. Als das Silberwerk 1957 stillgelegt wurde, hatte man im Laufe von 334 Jahren fast 1300 Tonnen Silber zu Tage gefördert. Das *Norwegische Bergwerksmuseum* in der Schmelzhütte von 1842 erzählt von der Vergangenheit der Silberstadt Kongsberg, der Entwicklung der Bergbautechnik und nicht zuletzt von den täglichen Mühen unter Tage. Das *Museum der Königlichen Münze* ist der ideale Abschluß eines Kongsberg-Besuchs.

❶ Rute 40 A/S, Storgate 35, 3600 Kongsberg, ☎ 32 72 50 00, 📠 32 73 50 01.
🚆 Oslo, über Drammen.
🏨 Gyldenløve, Hermann Vossgate 1, ☎ 32 73 17 44, 📠 32 72 47 80. Groß, aber gemütlich und familienfreundlich. 💰

Telemark – keine Region ist so sehr mit Liedern und Gedichten geehrt worden wie diese Landschaft zwischen Südküste und Hochgebirge, zwischen dem urbanen Osten und den Fjorden im Westen. An stillen Seen und zwischen blühenden Hängen wuchsen Bauernhöfe zu Dörfern heran, Silberschmiede haben hier nach wie vor ihr Auskommen, Holzschnitzerei, Rosenmalerei, Dichtung, Volksmusik und Volkstanz sind lebendig wie eh und je – in Telemark manifestieren sich Natur und Mentalität in „urnorwegischen" Kunst.

Wasserkraft und Widerstand

(Abstecher auf der Straße 37, 174 km, 1 Tag extra)

Dale ist nur ein Vorort von

Rjukan (ca. 7100 Einw.), in einem Tal, in das von Oktober bis März kein Sonnenstrahl vordringt. 300 m im Berginneren liegt das **Kraftwerk von Mår**. Alle Wasserkraftanlagen in Rjukan zusammen produzieren über 600 MW Strom.

Zur Besichtigung des Kraftwerks Mår gehört der Aufstieg auf der längsten Holztreppe der Welt an den Fallrohren entlang – 3875 Stufen auf 1270 m Länge. Kein Pappenstiel, aber wer schon mal in Rjukan ist ...

Als das Industrieunternehmen Norsk Hydro 1907 mit dem Ausbau der Wasserkraftanlagen begann, gab es in dem engen Tal zwischen Hardangervidda und Gaustafjell nur einige Bauernhöfe. Bereits 1920 aber war Rjukan eine Stadt mit 8350 Einwohnern, die allesamt vom Wasser und den chemischen Fabriken lebten.

Heute produziert Norsk Hydro hier nur noch Ammoniak. Die Wasserkraft wird jedoch bleiben, und auch wenn die Sonne selten ins Tal scheint – man muß nicht zwei Stunden Treppen steigen, um sie sehen zu können: Mit der *Krosso-Bahn* dauert es knapp fünf Minuten bis hinauf nach *Gvepseborg*. Der Blick in Richtung Gaustatoppen (1883 m ü.d.M.) ist grandios, und wenn die schon arg belastete Muskulatur noch mitmacht, ist der Aufstieg zum Gaustatoppen die Krönung.

Vom Parkplatz in *Langefonn* (9 km südlich von Dale) dauert die Wanderung zum Gipfel etwa 3 Stunden.

Der Ortsname Rjukan steht gleichsam für Wasserkraft, die Hauptstraße trägt den Namen des Norsk-Hydro-Gründers Samuel Eyde, und im **Museum von Vemork** wird an ein weiteres Kapitel der Stadtgeschichte erinnert.

Die von Norsk Hydro gebaute Bahnlinie nach Mæl am Tinn-See war erste Transportetappe für die Produkte aus Rjukan. Am 27. Februar 1943 wurde der Bahnhof von Vemork, ein Jahr später die Fähre „Hydro" mit Kalilauge an Bord in die Luft gesprengt. Hinter diesen Aktionen stand die „Kompanie Linge" der norwegischen Heimatfront, die so verhinderte, daß die Rohstoffe für die Produktion von schwerem Wasser nach Deutschland gelangten.

❶ Rjukan turistkontor, Torget 2, 3660 Rjukan, ☎ 35 09 15 11.
🏨 **Rjukan Fjellstue,** ☎ 35 09 51 62, Skinnarbu, 20 km westlich. Block-

hausstil, bäuerliches Interieur, einfacher Standard. Echt Telemark! ⑤

Weiterfahrt am Nordufer des Totak-Sees entlang über *Rauland bis nach Edland. Die Straße 11 in Richtung Westen ist das Herz der Telemark, und der Eingang ist

Heddal, 118 km. Die *Stabkirche*, zwischen 1147 und 1242 erbaut, ist die größte des Landes und bekannt wegen ihrer geschnitzten Portale mit Tierornamenten und Menschengesichtern. Doch Heddal ist mehr: Die Bauernhäuser des *Heddal Bygdetun* mit den Rosenmalereien in der Ramberg-Stube sind ein schönes Beispiel für das, was die Telemarker beherrschen: der Natur künstlerischen Ausdruck zu verleihen.

Überall sieht man dunkelbraune, moosbewachsene Bauernhäuser und auf Pfählen gebaute Lagerhäuser, „Stabbur". Im Sommer wird immer irgendwo das Tanzbein geschwungen, im Winter geht es auf die Skier. Die Telemarker zeigen ihren Regionalpatriotismus, und in

Seljord, 174 km, setzen sie diesem Stolz noch eine Krone auf. Selbst in Anwesenheit der Dorfpolizisten haben Junge und Alte, vor allem die aus Seljord, bezeugt, im gleichnamigen See eine riesige Seeschlange gesehen zu haben. Angesichts der wunderschönen Lage und der exklusiven Lichtverhältnisse besonders im Sommer ist es nur zu verständlich, daß die norwegische Schwester von „Nessie" gerade hier seßhaft geworden ist. Warum sie sich

Wasserfall Låtefossen – Einstimmung auf den Hardangerfjord.

Für Auge und Gemüt – Abendstimmung in der Telemark.

ROUTE 2

aber so rar macht, ist schwer zu sagen. Vielleicht wegen der vielen Touristen, die mittlerweile mit Booten auf den See hinausfahren, um einen Blick auf das Ungetüm zu erhaschen. Wie auch immer: Taucher werden gebeten, dem „Seeungeheuer von Seljord" nicht zu nahe zu kommen!

Der moderne Skisport wurde erfunden, als die festen Bindungen den Hacken des Skiläufers Halt gaben, er dadurch jetzt Kurven fahren konnte und so plötzlich „slalåm" lief. „Slalåm" kommt aus **Morgedal,** und in Morgedal lebte von 1825 bis 1897 Sondre Nordheim. Ihm ist es zu verdanken, daß die Wiege des modernen Skisports in diesem kleinen Ort in der Telemark steht.

Morgedal Turisthotell, ☎ 35 05 41 44, 📠 35 05 42 88. Hoher Standard und dank Holzbauweise sehr gemütlich; außerdem familienfreundlich. ⓢ⟫

Morgedal Camping, ☎ 35 05 41 77. Gute Stellmöglichkeiten, Hütten. ⓢ

Haukeligrend, 264 km: ein Motel mit Cafeteria, eine Autowerkstatt, eine Bushaltestelle und ein Supermarkt. Hier trifft die Straße 39 aus dem Setesdalen auf unsere Route, und hier ist die Grenze zwischen Telemark und Westnorwegen. Von nun an geht's bergauf, aus Bäumen werden Krüppelbirken, aus Hügeln Hochgebirge.

In *Røldal,* 318 km, sind fast 40 km Tunnel durchquert, weitere Dunkelfahrten stehen bevor. Die Einstimmung auf den Hardangerfjord ist der tosende Wasserfall * *Låtefossen,*

Odda, 361 km, dagegen ist eher abschreckend. Riesige Industrieanlagen säumen das Ufer des Sørfjords, an dessen Ende die kleine Stadt liegt, die heute etwa 9000 Einwohner hat. 80 Jahre lang lebte sie hauptsächlich von den Schmelzwerken, in denen die verschiedensten Metalle legiert wurden.

Die wirtschaftlich besten Jahre sind vorüber, Wasser, Luft und Erde erholen sich jetzt wieder langsam.

An der Straße 13 nach *Kinsarvik* liegt **Lofthus,** der Inbegriff dessen, was Hardanger so berühmt macht: ein Dorf am Fjordufer, einige Kleinbetriebe (vorzugsweise für Holzarbeiten), die steilen Hänge ein einziger Obstgarten – voller Äpfel, Birnen, Pflaumen, vor allem aber Kirschen. Die Mönche aus dem Lysekloster bei Bergen waren die ersten, die das beständige Klima nutzten und den Boden an den Hängen bestellten. Sie legten auch den ** *Mönchsstieg* an, der am Hof Opedal anfängt und zum Westrand der Hardangervidda führt: 950 m Aufstieg werden am Ende mit dem Blick über den Hardangerfjord mit seinen grünen Ufern belohnt. In dem kleinen Dorf *Ullensvang* bei Lofthus war Edvard Grieg im Sommer fester Gast, seine Ferienhütte steht jetzt im Garten des Hotel Ullensvang.

Hotel Ullensvang, 5774 Lofthus, ☎ 53 66 11 00, 📠 53 66 15 20. ⓢ⟫

Lofthus Camping, ☎ 53 66 13 64. Bei gutem Wetter der ideale Zeltplatz. Sonst sollte man lieber in einer der Hütten nächtigen.

In **Utne,** 406 km, auf der Westseite des Sørfjords, legt die Fähre an. Der idyllische Ort insgesamt, das bäuerliche * *Hardanger-Volksmuseum* und das * *Utne Hotell* von 1829 sind gute Gründe, nicht gleich die nächste Fähre zu nehmen. Auf der Fahrt nach Kvanndal sitzen gewöhnlich alle Passagiere an Deck, Videokameras laufen, die Auslöser der Fotoapparate klicken: Im Westen öffnet sich der Hardangerfjord, im Osten bilden die Berge eine scheinbar undurchdringliche Wand, ein überwältigender Blick.

Norheimsund, 446 km, ist die letzte Station am Hardangerfjord, bevor es wieder aufwärts geht: vorbei am Steindalsfossen, einem Wasserfall, unter dem man trockenen Fußes hindurchgehen und den man sich dann von hinten anschauen kann, durch unzählige Tunnel und an furchterregenden Schluchten entlang geht es nach *Bergen* (s. S. 41), 525 km.

Abstecher zur Insel Sotra und ans offene Meer
(80 km hin und zurück, 1 Tag extra)

Wie ein Wall erstreckt sich die Insel Sotra 120 km an Bergen vorbei. Schmale Sunde, Hunderte kleinerer Inseln, grauer Fels auf der Seeseite, während in den Talsenken im Inselinneren Tannenwälder rauschen und Wiesen blühen. Sotra ist ein Taucher-, Angler- und Bergsteigerparadies.

„Sotra en miniature": das Fischerdorf Glesvær.

Im Norden, in *Kollnes*, entsteht ein gigantisches Gasterminal, in dem der Rohstoff aus der Nordsee vor dem Weitertransport nach Deutschland und Belgien bearbeitet wird. Im Süden von Sotra liegen

Telavåg und **Glesvær**. In der „Nacht von Telavåg" 1942 brannte die Gestapo das gesamte Dorf in einer Racheaktion nieder; alle Männer wurden nach Deutschland deportiert.

Der Zweimaster „Havstrilen".

Ein kleines Museum und ein Gedenkstein erinnern an die Ereignisse. Das winzige Fischerdorf Glesvær ist „Sotra en miniature", ein jahrhundertealter Handelsplatz inmitten einer wunderschönen Schärenlandschaft. Der Zweimaster „Havstrilen" fährt regelmäßig mit Besuchern aufs Meer hinaus.

Glühendes Eisen – Tyssedal

Unten am Sørfjord liegt unter drohenden Felswänden, die im Winter regelmäßig Lawinen abstoßen, nördlich von *Odda* (s. S. 64) zwischen zwei Tunneln, die an manchen Wintertagen das bißchen Licht ganz aussperren, Tyssedal mit einer interessanten Industriegeschichte. Hier errichteten Wanderarbeiter Anfang dieses Jahrhunderts das erste Elektrizitätswerk. Es nutzte die von der Hardangervidda herabstürzenden Wassermassen aus. Man zwang sie in Rohre und errichtete mit internationalem Kapital ein Schmelzwerk für Titanerz: Tinfos Titan Et Iron. Das war der Beginn der Industrialisierung der gesamten Region. Die 1100 Einwohner von Tyssedal haben somit ihr Werk, ihre Geschichte – und die grandiose Natur. Hoch über der Stadt glänzt der Gletscher Folgefonn im Sonnenlicht, während hier unten die Frühschicht von der Arbeit nach Hause geht.

Route 3

Flaches Land und weite Täler

Halden – Oslo – Hamar – **Røros** – Trondheim (659 km, 4 Tage)

Industriestädte und Kornkammer heute, hart umkämpft vor 200 Jahren, Besiedlung schon in der Bronzezeit. Viele fahren die 120 km von Halden an der schwedischen Grenze bis Oslo ohne Zwischenstopp in eineinhalb Stunden – und verpassen dabei eine sehr reizvolle und ganz „unnorwegische" Landschaft. Das *Østerdalen* um den Fluß Glomma herum von Elverum bis Røros ist Heimat u. a. von Elchen und Wölfen. Birken- und Tannenwälder, Wiesen und Dörfer säumen Flüsse und Seen. Eisig kalt im Winter, stabil im Sommer – hier herrscht echtes Binnenlandklima.

Die Ostnorweger lassen alles ruhig angehen, Jagd und Sportfischen sind ihre Lieblingsbeschäftigung. Alles ist ein wenig beschaulicher als im Westen, nur der Verkehr rollt hier dichter. Dennoch ist gerade hier das Auto so manches Mal überflüssig – Radfahren ist keine schweißtreibende Affäre, Wanderungen zu Fuß oder per Kanu lassen sich überall gut einbauen.

30 km hinter der schwedischen Grenze liegt die Industrie- und Festungsstadt **Fredrikstad** (26 500 Einw.). Hier mündet der Glomma in den Oslofjord. Fredrikstad ist Zentrum eines Ballungsraums mit etwa 70 000 Einwohnern und verschiedenen Industrien. Der große Hafen sowie die Nähe zu Schweden und zum europäischen Kontinent sind heute wichtigste Vorteile des Standortes. Gerade die schwedischen Nachbarn machten jedoch dieser Region in der Vergangenheit schwer zu schaffen. Fredrikstad wurde nach 1570 15mal angezündet. Deswegen baute man im 17. Jahrhundert um die Stadt herum eine Mauer, und 1685 war die Festung Fredrikstad fertig. Erst 1814 wagten die Schweden einen Angriff – nach einigen Stunden Belagerung war alles vorüber, der Mythos der Uneinnehmbarkeit zerstört. Angenehmer ist es allemal, die ** *Festungsstadt* heute zu Fuß und in friedlicher Absicht zu erobern und sich bei dieser Gelegenheit auch das * *Kongsten Fort* südlich der Altstadt etwas näher anzuschauen.

❶ Brohodet, 1630 Fredrikstad, ☏ 69 32 03 30, 📠 69 32 39 85.
△ **Fredrikstad Motell & Camping**, ☏ 69 32 03 15, 📠 69 32 36 66. Unterhalb der Festungsstadt und ziemlich ruhig. Stell- und Zeltplätze.
🏠 **Balaklavas**, 1632 Gamle Fredrikstad, ☏ 69 32 03 13, 📠 69 32 29 40. Historisches Ambiente, exzellentes Essen, im Sommer Abendunterhaltung. 💲💲
Cewex Konditorier, ☏ 69 32 02 72. Leckere Kuchen und eine nette Bedienung. 💲

Die Straße 110 ist in Norwegen als ** *Oldtidsveien* wohlbekannt. Diese 18 km lange Straße verläuft zwischen Fredrikstad und der Ortschaft Skjeberg. Sie auf die Schnelle mit dem Auto zu durcheilen, wäre glatte Barbarei. Links und rechts sind Wiesen und Wälder gespickt mit Kulturdenkmälern aus grauer Vorzeit – 3000 Jahre alte Felszeichnungen (in *Begby*, *Hornnes* und *Solberg*) mit Motiven aus Landwirtschaft und Schiffahrt, Hügelgräber wie die von Hunn, die in den ersten 900 Jahren unserer Zeitrechnung angelegt wurden, dazu Reste steinzeitlicher Wohnplätze, aber auch Herrenhöfe wie der Hof von Nes, dessen Hauptgebäude aus dem 17. Jahrhundert stammt. Der „Altertumsweg" ist ein Tummelplatz für Archäologen und eine herrliche Wanderroute durch die Kornkammer Norwegens.

ROUTE 3

Trotz Oslofjord zur Linken und den waldreichen Wandergebieten zur Rechten streben die meisten Autoreisenden auf der schnellen Europastraße direkt der Hauptstadt zu. Nur wenige wissen, daß der See Vansjø östlich von Moss ein Kanu-Paradies ist, nur wenige zweigen bei Vestby, 77 km, nach

Hvitsten ab, um weißen Strand, Badeleben und die herrlichen Sonnenuntergänge über dem Oslofjord zu erleben. Schade eigentlich, denn von jetzt an wird es immer hektischer, das Netz der Vororte von Oslo zieht sich zusammen.

Fast eine Bilderbuchlandschaft: das Østerdalen.

Erst weit hinter Oslo bei Eidsvoll gewinnt die Natur wieder die Oberhand. In *Råholt* und

Eidsvoll, 158 km, hat man sich das zunutze gemacht. 30 000 Hektar Forst, Sägewerke, Produktion von Holzelementen für den Hausbau – hier dreht sich alles ums Holz. Berühmt gemacht hat diesen Ort jedoch das Haus des Werkbesitzers Carsten Anker, das als ** *Eidsvoll-bygning* in die Geschichte einging. Im Frühjahr 1814 fand hier die Reichsversammlung statt, deren Höhepunkt am 17. Mai die Verkündung einer Verfassung für Norwegen war. „Einig und treu, bis Dovre fällt", war der Wahlspruch der 112 gestandenen Männer aus allen sozialen Schichten.

Noch immer auf dem Mjøsa: der Raddampfer „Skibladner".

Die raffiniert konstruierte „Wikingerschiff"-Sporthalle von Hamar.

🏨 **Vertshuset Vormvik,** Kastellveien, 2080 Eidsvoll, ☎ 63 96 48 65. Am Waldrand gelegen, mit Blick über den Ort. Große Zimmer, einfacher Standard. ⓢ

Eidsvoll ist aber auch Anlegestelle für den Raddampfer *Skibladner;* das Schiff wurde 1856 erstmals auf dem *Mjøsa*

Ebenfalls in Hamar: die Domkirchen-Ruinen.

Polyglott **67**

ROUTE 3

eingesetzt, noch heute dampft es mit rund 25 km/h auf dem See herum. Norwegens größter Binnensee beginnt an der Brücke von

Minnesund, 176 km. Während der Dampfer an Wiesen und bewaldeten Hängen vorbeigleitet, werden nach alter Tradition an Bord Lachs und frische Erdbeeren verzehrt. Auf der Ostseite des Sees liegen wie Perlen an einer Schnur von Süden nach Norden aufgereiht große Gutshöfe. Die Gutsherren betreiben Vieh- und Forstwirtschaft mit sichtbarem Erfolg. Auch

Hamar (30 000 Einw.), 228 km, profitierte jahrhundertelang von der Lage am See und dem Verkehr zwischen Oslo und Trondheim. Dennoch war der Ort von 1569 bis 1849 gar nicht existent – woran ein von den Schweden gelegtes Feuer schuld war. Das „neue" Hamar wuchs nach 1850 kräftig, den letzten Schub jedoch bekam die Stadt dank der Winterolympiade 1994.

Das *Wikingerschiff* von Hamar ist eine bautechnisch äußerst gelungene Sporthalle, die zudem als eine der schnellsten Eislaufhallen der Welt gilt. Wikingerschiff, *Eisenbahnmuseum* und die **Domkirchen-Ruinen* mit dem Hedemarkmuseum am Ufer des Mjøsa sind drei Sehenswürdigkeiten, die die zentrale Bedeutung Hamars durch die Jahrhunderte dokumentieren: kirchliches Zentrum mit Bischofssitz und Kloster vor der Reformation, Zentrum für Handel und Verkehr nach 1850 und seit 1994 das norwegische Mekka des Eisschnellaufs.

❶ Strandgate 23, 2300 Hamar, ☎ 62 52 12 17, 📠 62 52 67 66.

🚢 An der Strecke Oslo–Trondheim. „Skibladner" legt montags, mittwochs und freitags um 9.30 Uhr in Eidsvoll (9 Std.) ab, sonst (außer So) von Hamar nach Lillehammer (11–14.45 Uhr).

Hinter *Elverum,* 258 km, beginnen die „ewig singenden Wälder". Trygve Gulbranssens Klassiker gehört allerdings nicht ins Reisegepäck, eher schon Wanderschuhe und Mückennetz. Durch die Wälder fließt der *Glomma* mit großer Geschwindigkeit nach Norden – alles andere verläuft hier in ruhigen Bahnen.

In der Dämmerung des Spätsommers kommen Elche aus dem Wald hervor und machen sich an die Obstgärten heran – wobei sie die eine oder andere Reiseroute kreuzen! An den Tankstellen stehen Männer, die, so scheint es, nachts auf die Jagd gehen und am Tage Zigaretten drehen, das heißt, sich dem süßen Nichtstun hingeben.

Orte wie Rena, 289 km, Koppang, 347 km, oder Tynset, 449 km, sind eher langweilige Handelszentren. Østerdalen heißt, mit Angelgeschirr, Jagdgewehr, Kanu oder nur mit dem Zelt in die Natur abzutauchen. Im Winter ist dies ein herrliches Skigebiet – für Langläufer. Wer lieber alpin läuft, fährt nach

Das Birkebeiner-Rennen

Wie wäre es mit einem 72 km langen Skilanglauf, dessen höchster Punkt 1090 m hoch liegt und an dem 7000 trainierte Läufer teilnehmen, alle noch dazu mit einem 5,5 kg schweren Gepäckstück auf dem Rücken?

Natürlich ist der Wasa-Lauf ein bißchen länger, doch kein Skirennen hat eine derartige Aussicht anzubieten: das Rondane-Gebirge im Norden und im Westen das Jotunheimen-Gebirge. Die beiden Krieger Skjervald und Torstein von der Bürgerkriegspartei der Birkebeiner hatten für diese grandiose Natur wohl kaum Augen, als sie 1206 den Königssohn Håkon Håkonsson, damals noch ein Wickelkind, auf diesem Wege vor den feindlichen Baglern retteten. Das Birkebeiner-Rennen findet im März statt, gestartet wird bei Rena. Auskünfte über das Rennen erhält man im Touristenbüro in Lillehammer (s. S. 80).

Trysilfjellet (ab Elverum auf der Straße 25, 70 km), wo die Pisten mittlerweile Alpenstandard haben.

Natur pur: Abstecher zum Femund-See

Koppang – Femundvika – **Røros (194 km, 1 Tag)

In die Landschaft abtauchen! Der Blick von der Straße 3 nach Osten macht ungeduldig, in Koppang läßt man die Autokarawane allein weiterziehen. Durch dichte Wälder verläuft die Straße ab *Åkrestrømmen* in Richtung Osten nach oben. Dann und wann ein Auto am Straßenrand: Angler, die mit der Fliege auf Forellen und Renken gehen. Hier dreht sich alles um Fisch und Wild, in den vielen mit Torf gedeckten Holzhäusern an den Seeufern wohnen in der Saison meist passionierte Sportangler.

Die Steinkirche von Røros.

Den Wasserfall *Isterfossen* am Südende der riesigen Seenplatte sollten Sie meiden: Er reizt zum Fischen, ist aber lebensgefährlich. Der *Femund-See* schließlich ist „Norwegens Morgenland", wie der Dichter Johan Falkberget einmal schrieb: Hier sind Autos überflüssig, spätestens ab *Femundsvika* oder *Sorken* geht es mit dem Kanu oder zu Fuß weiter. Der See und der Nationalpark

Auf geht's zum schweißtreibenden Birkebeiner-Rennen.

Femundmarka östlich davon bieten unberührte Landschaft. Das Geheimnis dieser Gegend: kein dichtes Unterholz und deshalb weite Blicke, kalte Seen und Flüsse voller Fische, Berge, die sich gen Himmel recken – und Myriaden von Mücken, die nur den stören, der nicht auf sie vorbereitet ist. Also Mückenschutzmittel und Moskitonetz im Reisegepäck mitnehmen.

△ **Femundvika Gjestestue**, ☏ und 📠 62 45 91 23. Herberge, Zeltplatz

Wie vor hundert Jahren: Holzhäuser-Sträßchen in Røros.

und Hütten. Idealer Ausgangspunkt für Angler und Kanuten.

** Røros, 501 km. Hier treffen sich beide Routen wieder. Auch von Røros aus ist ein Abstecher zum Femund-See möglich, doch zunächst ist Stadtbesichtigung angesagt. Gerade 3300 Menschen leben in dem Ort zwischen den Kupfergruben und den Bergen mit Schlacke. Sie haben ihr Auskommen über Tage: Sägewerk und Möbel, Wollfabrik und Verarbeitung von Rentierfleisch. Røros liegt abseits, in den Wintermonaten werden hier die niedrigsten Temperaturen in ganz Norwegen gemessen, und die Arbeitsplätze sind schwer zu halten. Dennoch: Die Altstadt steht auf der UNESCO-Liste der zu bewahrenden Kulturdenkmäler, und Røros, 628 m über dem Meer gelegen, gilt als einzige „Hochgebirgsstadt" in Norwegen.

Westlich des Flusses wohnten in der Bergmannsgate die feineren Leute, die Kumpels mußten mit der Ostseite unterhalb der Schlackenberge zufrieden sein. Beide Straßen sind einen gemütlichen Spaziergang wert, doch besonders die windschiefen Häuser im *Slaggveien*.

Seit 1644 wurde in Røros Kupfererz abgebaut, 1977 meldete die letzte Bergwerksgesellschaft Konkurs an. Geblieben ist ein pittoresker Ort in Holz – das einzige Steingebäude in der Altstadt ist die Kirche *Bergstadens Zirr* von 1784.

🛈 Peder Hiortsgate 2, 7460 Røros, ☏ 72 41 11 65, 📠 72 41 02 08.
✈ Røros flyplass – Verbindungen nach und von Oslo und Trondheim.
🚂 „Østerdalsbanen" Oslo–Trondheim.
🏨 **Vertshuset Røros**, Kjerkgata 34, 7460 Røros, ☏ 72 41 24 11, 📠 72 41 03 64. Traditionsreicher Gasthof aus Holz, solide und gemütlich eingerichtet. Ⓢ

Auf der Straße 30 geht es weiter über *Støren*, 607 km, nach

Trondheim (s. S. 48), 659 km.

Route 4

Vom Südkap zum Westkap

Kristiansand – Larvik – Geilo – Voss – Sognefjord – Westkap (935 km, 6 Tage)

Diese Route führt von Küste zu Küste, von der „dänischen" Stadt Kristiansand mit ihren weißen, rotgedeckten Holzhäusern, an den Badestränden und malerischen Häfen entlang, dann durchs Landesinnere bis zum 496 m hohen Westkap (norwegisch: Vestkapp), das im Laufe der Jahrtausende von fürchterlichen Stürmen glattgewaschen wurde. Zwischen Anfang- und Endpunkt liegen die Wälder der Telemark, die Mittelgebirge mit Alpinorten und die Hardangervidda, das Hochgebirge nördlich des Sognefjords und die zerrissene Westküste. Die Wanderausrüstung kommt voll zur Geltung, doch Variationen in Landschaft und Klima begrenzen die Reisesaison. Zwischen Juli und September ist sie sicher und erholsam – vor Mitte Juni kann diese Fahrt nur mit Einschränkungen empfohlen werden.

Sørlandet – das klingt nach Urlaub, Schären, Badestränden und idyllischen Hafenstädten unter azurblauem Himmel. Die Skagerrakküste zwischen Kristiansand und Larvik ist Reiseziel Nr. 1 für sonnenhungrige Norweger, auf Inseln und Holmen stehen Tausende von Ferienhütten – die Riviera des Nordens.

Grimstad (15 600 Einw.), 53 km, wirbt jedoch vor allem mit Kultur: Hier lebte ein Jüngling namens Henrik Ibsen sechs Jahre lang, war Apothekerlehrling und schrieb sein erstes Drama: „Catilina". Die Apotheke heißt heute ** Ibsenhuset*, sie wurde im Stil von 1837 erhalten und ist zusammen mit dem ** Stadtmuseum* eine Fundgrube für Ibsen-Fans.

70 Polyglott

ROUTE 4

Abstecher ins „Venedig am Skagerrak"

Tvedestrand – Lyngør – Risør (ca. 50 km)

* **Tvedestrand** (2000 Einw.) ist Hafenidylle und Schärengarten, bedeutet Schiffahrt und Tourismus. Die Besiedlung des Städtchens ist ungleichmäßig und zieht sich hangaufwärts in den Wald hinein. Zwischen den auf den ersten Blick gleich aussehenden Häusern verstecken sich durchaus Überraschungen: Das „Bügeleisen" zum Beispiel, das angeblich schmalste Haus in Norwegen.

❶ Ved Havna, 4900 Tvedestrand, ☎ 37 16 11 01, 🖷 37 16 11 71.

Von Tvedestrand steuert das Motorschiff MS *Søgne* auch das „Venedig am Skagerrak" an:

Mit Grimstad verbunden ist der Name Henrik Ibsens.

** **Lyngør** steht auf Holmen und Holz – Autos gibt es hier also nicht, nur die ungestörte Idylle eines von Wasser umgebenen Inseldorfes.

🏠 Das Restaurant **Den Blå Lanterne** ist ein maritimes Highlight, der Blick vom Kai über den Ort ein Genuß – allerdings auch die klare Fischsuppe, zu der man ein kühles südnorwegisches Bier trinkt. ☎ 37 16 64 80, 🖷 37 16 65 07. Ⓢ

Das Gebiet um den Femund-See ist reinstes Landschaftsparadies.

Risør schließlich, die „weiße Stadt am Skagerrak", ist wegen eines Holzbootfestivals, aber auch wegen der Kunstgalerien und nicht zuletzt wegen der schmucken Patrizierhäuser berühmt. Die Stadt hat am Ende einer Halbinsel ihren Platz gefunden und sich in Richtung Schärengarten ausgedehnt, wo zwischen den Felsen die Sonnenhungrigen lagern. Es mag an der Geschichte und dem Holz-

Holzflößer bei der Arbeit, kein seltener Anblick.

Polyglott **71**

handel der Holländer im 16. Jahrhundert, an dem Seglermilieu oder auch an der Offenheit der Menschen hier liegen – Risør hat ein fast weltstädtisches Flair.

⚠ **Sørlandet Camping og Fritidssenter,** 4950 Risør, ☎ und 📠 37 15 40 80. Zwischen Lyngør und Risør, 5 km östlich der Straße 411. Es gibt hier alle Formen der Camping-Übernachtung, Selbstversorgung. Einfacher Standard, maritime Aktivitäten.

Auch das ist Norwegen: Zementfabriken, petrochemische Industrie, Elektro- und Holzindustrie:

Porsgrunn und **Skien,** 190 km, sind stark von Norsk Hydro und anderen Industriebetrieben abhängig, die Fjorde mußten lange darunter leiden – und werden daher heute überwacht. Und die Menschen haben sich damit abgefunden, daß Industrie nicht nur Arbeitsplätze schafft, sondern auch ihren Preis hat: viel Verkehr, unnorwegische Enge und nicht nur saubere Luft. Aber sie haben die Telemark, denn die beginnt gleich hinter Skien. Eben noch Großindustrie und Stadttrubel, jetzt dichter Wald und norwegische Bauernkultur – und ein Netz von Seen und Kanälen. Gute Gründe, um die E18 schon in Porsgrunn zu verlassen.

In die Telemark und zum Telemarks-Kanal

Die Stadt *Skien* (s. o.) liegt im Südosten, das Dorf *Dalen* am westlichen Ende des *Bandak-Sees.* Kanäle und Flüsse verbinden hier viele große Seen. Handbetriebene Schleusen überbrücken den Höhenunterschied von 72 m. Schon als von 1854 bis 1861 der 105 km lange Kanal von Skien zum Norsjø gebaut wurde, war der Tourismus der wichtigste Grund dafür. Viele halten in *Ulefoss, Eidsfoss* und am ** *Vrangfoss,* um Kanal und Schleusenanlagen vom Ufer aus zu erleben. Die meisten machen die angebotene zehnstündige Schiffsfahrt von Skien nach Dalen mit und lassen das Auto zum Zielort bringen.

ℹ Nedre Hjellegate 18, 3700 Skien, ☎ 35 53 49 80, 📠 35 52 26 61.

Die Straße 40, die in *Larvik,* 197 km, beginnt und erst bei Geilo endet, folgt dem *Numedal* und dem Lachsfluß *Lågen* ins Hochgebirge. Erst weit hinter Kongsberg (s. Route 2, S. 60) bei

Rødberg, 379 km, arbeitet sich das Tal gleichsam aus der Umklammerung des Waldes hervor. Rødberg ist zwar nur ein kleines Dorf mit gerade 500 Einwohnern, aber wo sich im Berginneren Kraftwerke verstecken, ist das Hochgebirge nicht weit.

🏨 **Rødberg Hotel,** 3630 Rødberg, ☎ 32 74 16 40, 📠 32 74 13 81. Äußerst komfortabel, guter Service. Leider jedoch kein Angebot für Kinder. 💲

Warum Stabkirchen selbst für Kunst- und Architektur-Laien interessant sind, läßt sich wenige Kilometer hinter Rødberg an der ** **Stabkirche Uvdal** feststellen. Baubeginn: Ende des 12. Jahrhunderts, die Sakristei am Nordende wurde erst 1819 angebaut. In den Jahrhunderten dazwischen erfolgten Um- und Ausbauten in verschiedensten Stilen. ⊙ Juli–August tgl. 10–18 Uhr. In

Vasstulan ist der mit 1100 Metern höchste Punkt dieser Tour erreicht: herrlicher weiter Blick, ein paar Blockhütten und ein Gasthof. Dennoch bleibt kaum jemand hier – die meisten fahren nach

Dagal, 420 km, weiter. Diese Gegend ist Paradies für Angler und Jäger, aber auch ein spannendes Freilichtmuseum. Hier sind Almhütten, ein Mühlenhaus und Stallungen zu einem typischen Dagali-Hof zusammengestellt worden.

Der Almbetrieb hat eine lange Tradition, Pflanzen- und Tierleben sind charakteristisch für ein ostnorwegisches Hochgebirgstal, das Klima ist ziemlich stabil.

ROUTE 4

Im Sommer Rastplatz, im Winter alpiner Mittelpunkt zwischen Oslo und Bergen:

Geilo, 462 km, macht schon von weitem auf sich aufmerksam, denn die bewaldeten Mittelgebirge scheinen mit der Rasierklinge bearbeitet. Sogar der eine oder andere Weltcupslalom ist hier schon ausgetragen worden, für den Abfahrtslauf sind die Pisten zu kurz. Auf jeden Fall lohnt sich die Fahrt mit der * *Geilo Taubane* zum höchsten Gipfel der Gegend hinauf – von dort ist es selbst im Winter nicht weit bis in die Ruhe der norwegischen Bergwelt.

Wandern in der Hardangervidda.

Haugastøl, 486 km, ist das Tor zu einem der faszinierendsten Wandergebiete Europas. Der kleine Bahnhof an der Bergen-Bahn ist beliebter Treffpunkt für Rucksacktouristen. Einige fahren bis zum höchstgelegenen Bahnhof in *Finse* (1222 m ü. d. M.) mit, andere beginnen hier ihren Marsch in die

Hoch aufragende Bergriesen und ein idyllisches Tal, das Flåm-Tal.

Hardangervidda. Die Straße führt auf 70 km Länge über ein 7500 km² großes, karges Hochplateau – dennoch bietet diese Landschaft eine reiche Fauna und Flora. Nicht selten begegnet man Rentieren, und in den Lemming-Jahren (s. S. 12) ist das Gebiet ein Paradies für Raubvögel – und Vogelkundler.

Das dichte Netz der Wanderwege in alle Richtungen macht dieser Landschaft nichts aus, denn wer auf die Vidda kommt, möchte, daß hier alles unverändert bleibt. Doch mit der Vidda ist nicht zu spaßen, hier verläuft die Wasserscheide, und das Wetter kann plötzlich umschlagen. Wo auch immer man ist, blinkt der Gletscher ** *Hardangerjøkulen* am Nordrand der Vidda bei schönem Wetter im Sonnenlicht. Selbst Ende Juni kann aber auf dem Gipfel des Gletschers Schnee fallen, und die große Wanderung quer hinüber ist vor Mitte Juli nicht ratsam. Für viele ist das ewige Eis des Gletschers der Höhepunkt der Tour, doch sollte man in Gruppen gehen und auf die Wettermeldungen achten. Der ideale Startpunkt

Rund um den „Stalheimskleivi".

Die Stabkirche bei Lom.

Polyglott **73**

ROUTE 4

für eine Wanderung ins Herz der Vidda ist das Hotel

🏨 **Halne Fjellstove,** 5783 Eidfjord, ☎ 53 66 57 12, 📠 53 66 50 83. Hier gibt es stilvolle Zimmer, gemütliche Hütten, kräftige „Fjellkost" und die wichtigsten Informationen für die Wanderung. Ⓢ

Daß der **Vøringfossen** in den Wintermonaten „abgestellt" wird und wertvolle Wasserkraft liefert, bekommen die wenigsten mit – ebenso, daß der Weg ins **Måbødalen** von unten aus eine ebenso anstrengende wie einmalig schöne Wanderung ist. Lawinengeröll hat die Schlucht aufgefüllt, doch das wahrhaft blühende Erlebnis unter dem Wasserfall entschädigt für die Mühen.

Da, wo im besten Fall nur zwei Stunden die Sonne hinkommt, wachsen die schönsten Farne und Blumen.

Eidfjord, 546 km, ist eine typisch westnorwegische Gemeinde: das Dorf am Fuß des gleichnamigen Fjords gelegen, ein riesiges Hinterland, wenige Einwohner, enorme Wassermengen – und hohe Einnahmen aus der Energiegewinnung. Im **Kraftwerk Simadalen** werden im Sommer Führungen angeboten. Gleich nebenan ist der Hof **Kjeåsen** ein Kontrapunkt. Die mäßig befestigte Serpentinenstraße mündet in einen Tunnel – an seinem Ende ein Holztor. Und dann blickt man von einer blühenden Alm hinunter nach Eidfjord. Dafür nehmen die beiden Schwestern vom Hof ein symbolisches Eintrittsgeld. Wenn Wetter oder Zeitmangel eine Wanderung verhindern, gibt das *Vidda-Naturzentrum* in Eidfjord Einblicke in Geologie, Tier- und Pflanzenwelt der Hardangervidda.

Eben noch Hochgebirge, Tunnel und schmale Straßen an den Fjordufern entlang – in

Der Vøringfossen.

Die wildeste Bahnfahrt der Welt

Am Anfang ist alles ganz normal: Man steigt ein, sucht sich zwischen den vielen Passagieren mit fremden Zungen und den Foto- und Videokameras einen Sitzplatz und wartet auf das Zeichen zur Abfahrt.

Wenn der Zug dann zu ruckeln anfängt, wandern die Blicke. Links, rechts, links. Der Bahnhof Myrdal liegt noch 865 m hoch, nach 20 km wird bei Flåm Meereshöhe erreicht. Fünf voneinander unabhängige Bremssysteme trotzen dem Gefälle von bis zu 5,5 %. Tunnelfahrt (20 Tunnel!) in der Achterbahn. Manche halten die Luft an. Bisweilen hält der Zug an. Fotopause! Rechts Wasserfälle, links die unergründliche Schlucht. Es gibt keinen Weg zurück, der Zug fährt in das Flåm-Tal hinunter. Wer nicht wieder hinauf und einen wunderschönen Seitenarm des Sognefjords erleben will, macht die Rundreise mit –

Zugfahrt bis Flåm, Fährfahrt bis Gudvangen und dann Busfahrt bis Voss. Der passende Nachtisch zu einem exzellenten Hauptgericht: Während sich Busfahrer und Reiseleiter entspannt unterhalten, keucht der Bus auf 1,5 km die 13 Serpentinen zum **Stalheimskleivi**, der steilsten Straße Norwegens, hoch. Die Passagiere blicken lieber in Richtung Stalheimsfossen (Gesamtfallhöhe dieses Wasserfalls: 240 m), als nach unten, denn der Straßenrand ist nun unter dem Bus verschwunden. In den Kurven stehen Radfahrer und schnappen nach Luft bei diesem kräftezehrenden Muskeltraining.

Beim *Hotel Stalheim* läßt sich der Blick in die Tiefe endlich richtig genießen. Die ganze Fahrt hat auch einen Namen: „Norwegen in einer Nußschale", ab Bergen oder Voss. Täglich 3 Abfahrten.

Voss, 601 km, blühen Landwirtschaft, Volkstanz und Kunsthandwerk. Im Sommer ist der See *Vangsvatnet* Blickfang, im Winter locken die umliegenden Berge mit Pisten und Loipen.

❶ Voss Næringsforum, Hestavangen 10, 5700 Voss, ☎ 56 51 17 16, 📠 56 51 17 15.

🏨 **Kringsjå Pensjonat,** Strengjarhaugen 6, ☎ 56 51 16 27, 📠 56 51 63 30. Zentral und dennoch ruhig gelegen. Guter Standard. Ⓢ

Fährfahrten über den Sognefjord sind erholsam. Die Fahrt von **Vangsnes,** 676 km, zum anderen Ufer dauert zudem etwas länger, der Blick ist noch freier. Hier macht der Fjord einen Knick und ist deshalb breiter. Rasch kommen **Balestrand,** das Gaularfjell-Gebirge und der Gletscher ****Jostedalsbreen** näher – Dorfidylle am Sognefjord, eine Paßstraße mit phantastischem Panorama und ein Nationalpark in Eis.

❶ 5850 Balestrand, ☎ 57 69 12 55, 📠 57 69 16 13. Auch Zimmernachweis.

🏨 **Kringsjå Hotell/Vandrerhjem,** ☎ 57 69 13 03. Einfaches Hotel und tolle Jugendherberge in einem. Sehr nette Gastwirte. Viele Aktivitäten für die ganze Familie. Ⓢ

Bei *Moskog* oder bei *Skei* trifft man auf die Route 1. Erst bei **Nordfjordeid,** 849 km, steht die Entscheidung an, ob das Westkap, 935 km, angesteuert werden soll. **Statlandet** – Steilküste an der Nordseite, Sandstrände an der Südseite, dazwischen blankgefegte Bergrücken, geducktes Gebüsch und schicke Häuser im Windschatten. Wie eine Nase streckt sich diese Halbinsel in den Atlantik vor, hier verläuft definitiv die Grenze zwischen Nordsee und Nordmeer. Ströme und Winde aus allen Richtungen, Wettergrenze. Und über all dem thront ****Das Weib** *(Kjerringa),* wie der fast 400 m hohe, senkrecht aus dem Wasser ragende Westkap-Felsen nun einmal heißt, ein glattes Plateau mit einer deutschen Geschützstellung und einem 360-Grad-Blick.

Route 5

Ins Hochgebirge

Oslo – Fagernes – Grotli – Ålesund
(538 km, 4 Tage)

Diese Tour bietet ideale Möglichkeiten für Abstecher und längere Wanderungen – durch bewaldetes Mittelgebirge, auf die Zweitausender des Jotunheimen oder von den Fjordufern hinauf zu einsam gelegenen Aussichtspunkten. Die Menschen in den breiten Tälern wollen auch weiter von der Landwirtschaft leben, an den Fjorden fürchten Obst- und Gemüsebauern die Konkurrenz aus Europa. Oslo ist Weltoffenheit, Ålesund auch – dazwischen aber dominiert der feste Glaube an die eigene Scholle und die Früchte der Natur. Hier hat man gelernt, mit klimatischen und topographischen Unwägbarkeiten zu leben: Das Wetter kann sich nach jeder Kurve ändern, und warum soll es im Juni nicht in 1500 m Höhe schneien, während im Tal die Obstbäume blühen? Mag der erste Teil der Fahrt auch nicht so viel hergeben – der zweite hat alles, was Augen und Herz begehren.

Die Fahrt aus der Hauptstadt heraus am riesigen *Tyrifjorden* entlang ist ermüdend. Auch wenn die Straße so gut ist, daß die Behörden guten Gewissens Mautgebühr verlangen, tut es ein bißchen weh, an den Wäldern um den See herum vorbeizusausen.

Sundvollen, 45 km, ist ideal für eine aktive Rast geeignet. Ein kleiner Seitenweg führt 4 km bis nach *Kleivstua hinauf, nach einer kurzen Wanderung ist der mit 487 m höchste Punkt erreicht, der zu Recht „Königliche Aussicht" heißt. In **Fagernes,** 186 km, dreht sich vieles um Holz, Handwerk und

76 Polyglott

Heimkunst. Die waldreiche Umgebung und die nahen Gebirge prägen den Ort. Das *Valdres Folkemuseum bietet die größte Trachtenausstellung des Landes, und in Fagernes zeigen die Menschen aus dem Valdres-Tal stolz nicht nur beim Volkstanz, daß sie mitten in Norwegen wohnen.

Die Straße 51, die sich von Fagernes langsam ins Gebirge vorarbeitet, gilt als Panoramastraße. Unnorwegisch schnell kann der Paß überquert werden – was aber eine Schande wäre! Spätestens bei **Beitostølen,** 224 km, empfiehlt sich der erste Stopp. Klare Luft, schneebedeckte Hochebenen, Sommerskiläufer in Bikini oder Shorts.

Grandioser Blick vom Aussichtspunkt Dalsnibba.

Jotunheimen für Anfänger – eine Tageswanderung

Die Fjellstation *Gjendesheim,* 256 km, (15. Juni bis etwa 15. September), ist berühmter Ausgangspunkt für ausgedehnte Wanderungen ins Jotunheimen-Massiv.

Wer weniger Zeit hat, sollte sich wenigstens einen Eintagestrip gönnen: mit dem Linienboot über das tiefgrüne Gletscherwasser des **Gjende-Sees (auf 984 m Höhe) nach Memurubu (Übernachtung möglich), dann den markierten Weg unterhalb des Gipfels Besseggen (2258 m ü.d.M.) zurück nach Gjendesheim. Dauer: rund 8 Stunden mit Bootsfahrt, mit kurzen Partien zum Kraxeln und mit Panoramablick auf den See und die Berglandschaft.

Eine Alternative für „Fußkranke" oder Wanderunlustige ist der bequeme Pfad am Seeufer.

Jotunheimen für Fortgeschrittene

Hören erfahrene Bergwanderer von den Hütten *Gjendebu, Glitterheim* oder *Spiterstulen,* dann bekommen sie leuchtende Augen und packen ihren Rucksack. Für die Könige in der „Heimat der Riesen", **Galdhøpiggen* und *Glittertind,* braucht man weder Pickel noch Seil – solide Kleidung und trainierte Waden genügen, um die zwei höchsten Gipfeln des Landes auf den schneebedeckten Pelz zu rücken.

Schwieriger ist es mit dem 2069 m hohen *Fannaråki-Massiv* auf der Westseite des Nationalparks. Hier sind Gletscherführer notwendig, damit der Ortsunkundige gefahrlos verwittertes Gestein, steile Felswände und das Eis bewältigen kann. Die reichliche Belohnung für die Mühen des Aufstiegs ist der überwältigende Blick über den gesamten Nationalpark bis hinüber zum Dovrefjell.

ROUTE 5

🏠 **Bitihorn Fjellhotell**, ☎ 61 34 10 43, 📠 61 34 13 01. Primär Sporthotel. Von Holz geprägter Stil. $

⚠ **Beitostølen Hytteformidling**, 2953 Beitostølen,
☎ und 📠 61 34 10 44.

Doch auch von der Straße 55 aus, die bei Lom, 334 km, nach Süden abzweigt, können Tageswanderungen eingebaut werden. Wer es bequem haben will, fährt an der *Juvasshytta* (1837 m ü. d. M.) am Fuße des Galdhøpiggen vor. Die Luft riecht nach geschmolzenem Schnee, im weiten

* **Bøverdal** vermischt sich im Sommer der kühle Wind von den Gipfeln mit dem Dampf, der vom Boden aufsteigt.

🏠 **Bøvertun Fjellstoga**, 2687 Bøverdalen, ☎ 61 21 29 24, 📠 61 21 29 19. Kleiner Fjellgasthof mit langer Tradition, netten Gastwirten, solider Kost, stilvollen Zimmern und toller Atmosphäre. Hütten und Zeltplatz. $

Die Straße 15 folgt dem Fluß Otta flußaufwärts und den Fjorden entgegen. Der Touristenstrom wird stärker, denn eine der bekanntesten Sehenswürdigkeiten des Landes liegt in der Nähe. Vorher jedoch: Braunwerden im Schnee. Die alte Straße (Straße 258, hinter Grotli links ab) zwischen *Grotli*, 393 km, und Stryn führt am Sommerskizentrum am * **Skridulaub-Gletscher** vorbei und über Serpentinen hinunter nach Oppstryn und zum Innvikfjord.

Der höchste Punkt der Straße 63 nach Geiranger liegt 1038 m hoch, der Aussichtspunkt * **Dalsnibba** noch ein paar hundert Meter höher. Mautgebühr für eine staubige Straße mit engen Kurven, Schlangestehen und Postkartenverkauf. Das Gruppenbild für das Familienalbum ist fällig: Der Blick hinunter ist überwältigend.

Anschließend wieder Serpentinen – diesmal besser ausgebaut – und das Suchen nach einem Parkplatz. Die Busreisenden und Kreuzfahrtpassagiere haben es besser, sie kommen, steigen aus, kaufen Souvenirs und fahren weiter.

* **Geiranger**, 430 km, ist Norwegens bekanntestes Postkartenmotiv: ein Dorf mit nur 300 Einwohnern, das jeden Sommer eine halbe Million Besucher zu verkraften hat.

Und in der Tat ist der scheinbar uferlose *Geirangerfjord* mit seinen grünen, fast senkrechten Wänden und den Almhöfen, die sich mühsam gegen die Schwerkraft behaupten, ein Erlebnis. Die Wasserfälle „Brautschleier", „Die sieben Schwestern" und „Der Freier" sind unzählige Male auf Postkarten, Dias oder Fotos verewigt.

Hellesylt – ** Norangsfjorden – Sæbø

Abstecher zur Route 1 (55 km, 1 Tag)

Der Abstecher führt ins Herz der Sunnmøre-Alpen und zum See * *Lyngstøylvantet*, der 1908 nach dem Abgang einer Lawine entstand, der auch einen Erdrutsch bewirkte. Im klaren Wasser ist ein Almhof zu erkennen.

Die umgebenden Gipfel ähneln in der Tat den Alpen, und hier kann man Klettertouren ebenso wie gemütliche Sonntagswanderungen machen. Auf den Gipfeln erwartet den Wanderer der Blick über die schäumende Nordsee und die mit Restschnee verzierten Berge. Das Weiß der Berggipfel, das Grau der Felsen, das ganz allmählich in ein sattes Grün übergeht, und das Türkis der Fjorde, die zu überqueren immer wieder Spaß macht, machen diesen Abstecher zu einem unvergeßlichen Erlebnis.

Auch Sæbø an der Mündung des Flusses *Bondalselva* wirkt wie ein bunter Farbkasten. Die Abende hier sind traumhaft schön: Die Boote fahren auf den Fjord hinaus und steuern die Almhöfe an, die sich an den Bergwänden regelrecht festzuklammern scheinen, die Traktoren haben ihr Tagwerk hinter sich, und die Lachsfischer ziehen mit der Fliegenschnur los – eine westnorwegische Idylle.

ROUTE 5

⚠ **Bondalselva Camping,** 6180 Sæbø, ☏ 70 06 81 57, und **Hjørungfjord Camping,** ☏ 70 04 00 16, beide mit Hütten, werden von den Lachsanglern dominiert. Herrlich gelegen.

Von Sæbø führt die gemütliche Weiterfahrt durchs Tal bis *Ørsta,* wo man auf die Route 1 trifft (s. S. 59).

Valldal, 450 km, etwa 5 km östlich von *Linge* (455 km, wirbt mit Campingplatz, Cafeteria – und mit Erdbeerfeldern. Die Menschen hier leben vom Obst- und Gemüseanbau, der sogar bescheidene Mengen Aprikosen und Pfirsiche hervorzaubert. Viele Autotouristen holen hier noch einmal tief Luft, bevor sie sich Richtung * *Gudbrandjuvet* und ** *Trollstigen* aufmachen, das erstere eine furchterrregende, nur 5 m breite Schlucht, das andere die berühmte Auto-Kletterpartie mit 11 Haarnadelkurven. Nach einer langen Fahrt am Storfjord entlang öffnet sich in **Sjøholt,** 487 km, die Landschaft. Hier dominiert die Möbelindustrie.

Wahre Motorradfahrkünste verlangt der Trollstigen.

Ålesund (26 000 Einw.), 538 km, besticht nicht zuletzt durch die Offenheit und Freundlichkeit seiner Bewohner. Im Hafen werden die Fische direkt vom Kutter verkauft, das Hafenbecken ist von schmucken frisch restaurierten Jugendstilhäusern gesäumt. Ålesund ist eine Stadt zum Bummeln, und der Blick vom Hausberg ** *Aksla* über die Inseln vor der Stadt und in die untergehende Sonne bleibt unvergeßlich.

Ein vielgefragtes Fotomotiv: der Blick auf den Geirangerfjord.

❶ Keiser Wilhelms gate 11, 6003 Ålesund, ☏ 70 12 12 02, 📠 70 12 95 60.
✈ Flugplatz *Vigra,* 30 km; Zubringerbus.
⛴ Anlaufhafen der Hurtigrute.
🏨 **Bryggen Home Hote,** Apothekergate 3, 6004 Ålesund, ☏ 70 12 64 00, 📠 70 12 11 80. Ein stilvoll restaurierter Speicher am Hafen. Hoher Standard; geräumige Zimmer. Ⓢ

Etwas oberhalb von Geiranger steht seine kleine Holzkirche.

Route 6

Lichter der Großstadt – Licht der Lofoten

Oslo – Narvik – Å (1846 km, 8 Tage)

Hier geht es von der Hauptstadt gleichsam bis ans Ende der Welt, von Oslos Umland bis auf die dünn besiedelten Lofoten-Inseln – von den Menschen, für die die Natur nur Ausflugsziel ist, zu denen, die von der Natur leben. *„Norge på langs"*, Norwegen der Länge nach, ist auch eine Falle: Viel zu oft wird die Landschaft wie ein Film auf die Schnelle abgespult. Doch die Europastraßen 6 und 10 führen durch Regionen, die entdeckt werden wollen. Die Züge fahren von Oslo bis Fauske, von dort starten Busse in Richtung Norden nach Bodø, wo dann Fähren zu den Lofoten ablegen. Das Netz der Flughäfen zwischen Trondheim und Narvik ist imponierend dicht – und dann gibt es ja auch noch die Hurtigrute. Die Stadtmitte von

Lillehammer (22 800 Einw.), 174 km, ist nicht viel mehr als die Fußgängerzone *Storgata*, und auch nach den Olympischen Winterspielen, die die Stadt am Nordrand des Mjøsa-Sees 1994 mit großem Aufwand und Bravour arrangierte, hat sich daran nichts geändert – nur daß die *Skisprunganlage Lysgaard* mit dem amphitheatralisch geformten Stadion am Osthang der Stadt jetzt ein zweiter guter Orientierungspunkt ist. Und die olympischen Nachwehen? Die Hotel- und Bierpreise werden nicht mehr auf das vorolympische Niveau sinken, und im Winter werden die Schlangen an den Skiliften weiter wachsen. Im Sommer aber ist der Winter 1994 weit weg. An der Freistilanlage neben Lysgaard finden Seifenkistenrennen statt. Doch die Wanderfreunde tauchen wie eh und je in die bewaldeten Mittelgebirge ab und genießen den Blick hinunter zum Mjøsa-See. Die größte Attraktion von Lillehammer ist nach wie vor das ****Freilichtmuseum Maihaugen**. Nirgendwo sonst wird bäuerliche Kultur und Architektur im Gudbrandstal besser veranschaulicht.

❶ Lilletorvet 1, 2600 Lillehammer, ☎ 61 25 92 99, 🖷 61 26 96 55.
🚆 Stündlich Oslo, 12mal täglich.

Seit der Sagazeit ist das ***Gudbrandsdalen** die Hauptverkehrsader nach Norden, jahrhundertelang pilgerten die Gläubigen auf dem Weg nach Trondheim an den Talhängen entlang, seit 100 Jahren rollen Autos und Züge durchs Tal. Die Bauern bestellen ihre Äcker und halten ihre schmucken Höfe in Schuß, als ob es den Touristenstrom gar nicht gäbe.

Doch schon bei kurzen Wanderungen ins **Rondane-Gebirge** sind die Autoschlangen und Straßenschilder vergessen. Rondane ist Erholung pur: eine Gebirgslandschaft so weich wie die Dünung auf offener See – und nur nette Leute, die sogar manchmal ein kurzes „Hei" hervorbringen. Hier klettern selbst Kinder auf die Gipfel hinauf.

⚠ **Otta Camping,** 2670 Otta, ☎ 61 23 03 09. 1,5 km westlich von *Otta*. Ruhig zwischen Wald und Fluß gelegen. Einfache Hütten.

Dombås, 334 km, ist ist auf den ersten Blick nur ein Wegekreuz mit viel Verkehr, Tankstellen und Cafeterias. Doch weil der Ort zwischen den waldreichen Mittelgebirgen im Süden und Osten, dem mächtigen Gebirgsmassiv *Reinheimen* im Westen und dem *Dovrefjell* im Norden liegt, bricht man von hier gern zu mehr oder weniger schwierigen Wanderungen auf.

Am Dovrefjell endet Südnorwegen, dieses langgestreckte Gebirgsplateau ist von alters her ein Nadelöhr auf dem Weg nach Norden. Die ***Fjellstue Kongsvold**, 378 km, ein Gebirgsgasthof mit Botanischem Garten und Museum,

80 Polyglott

lohnt einen Stopp, vor allem aber ist eine Wanderung zum Berg **Snøhetta** – ein riesiger Bergkegel, der 2286 m in den Himmel ragt - bei Sonnenschein und Schnee ein tolles Erlebnis. Der Blick von „Norwegens Dach" ist ein wahrhaft krönender Abschluß einer Reise durch Südnorwegen.

Auf den letzten Kilometern bis Trondheim folgen Straße und Eisenbahnstrecke dem berühmten Lachsfluß *Gaula*. Das ⌂ **Gasthaus Gyllheimen,** 7093 Hovin, ☎ 72 85 63 42 (5 km nördlich von *Støren*) ist eine beliebte Adresse unter deutschsprachigen Anglern (Angelscheine!), die Lachse zumindest sehen wollen. Die Atmosphäre ist in diesem Haus noch wichtiger als der Komfort. ⓢ

Trondheim (534 km, s. S. 48) ist auf dieser Tour die große Zäsur. Für kurze Zeit ist man den Fjorden wieder sehr nah, bis es durch endlose Birken- und Tannenwälder weitergeht. Der See *Snåsavatn* hinter Steinkjer, 654 km, muß schon früher ein exzellentes Jagdrevier gewesen sein. Auf seiner Ostseite haben Jäger vor 6000 Jahren in mühsamer Arbeit und voller Dankbarkeit in Rentier in den Fels geritzt – das **Bølareinen** ist ein faszinierendes Kunstwerk, das man sich unbedingt anschauen sollte. Bei **Grong,** 736 km, biegen viele Autofahrer zur Küste ab (s. Route 7, S. 86), weil die nächsten 170 km außer dichtem Wald, viel Verkehr, dem idyllischen See *Majavatn* und dem bei Anglern und Ornithologen beliebten *Børgefjell-Nationalpark* nicht viel zu bieten haben. Schon lockt der Polarkreis, doch davor liegen noch zwei Industrieorte. In *Mosjøen*, 926 km, einer Stadt mit den hübschen restaurierten Seehäusern, war es Aluminium, in **Mo i Rana,** 1018 km, drehte sich alles um Eisen. Das Stahlwerk mit den größten Schmelzöfen der Welt produziert schon lange nicht mehr die gleichen Mengen wie vor 50 Jahren, heute wird hier Schrott verarbeitet. Für die Öfen interessieren sich heute vor allem Touristen – die Stahlproduktion ist unrentabel.

ROUTE 6

🏨 **Fru Haugans Hotell,** Strandgate 39, 8650 Mosjøen, ☎ 75 17 04 77, 📠 75 17 01 34. Stilvoll eingerichtet und ruhig, Gute Fischgerichte. 💲

* **N-8242 Polarsirkelen,** 1102 km, ist mehr als nur ein Postamt für Philatelisten. Das neue Zentrum, nur 650 m über dem Meer gelegen, ist das einzige Gebäude weit und breit. Hier ist die arktische Natur erreicht. Hochspannungsleitungen strecken sich über karge Felsen, einsame Krüppelbirken und verfallene Baubuden stimmen melancholisch. Hier beginnt das

** **Saltfjell,** dessen Geheimnisse zwischen oder unter dem Kalkgestein versteckt sind. Hunderte von Grotten wurden hier entdeckt, nur wenige sind für Publikum erschlossen und zugänglich. Die * *Grønligrotte,* 22 km nordwestlich von Mo i Rana, ist ein bekanntes Ausflugsziel, die Unterwelt im nördlichen Teil des Saltfjell hingegen eher den gut trainierten und geduldigen Wanderern vorbehalten. Unter den glattgeschliffenen, von weißem Marmor durchzogenen Felswänden den Eingang zu finden, kann Stunden dauern, doch die bizarren unterirdischen Felsformationen sind die Mühe wert.

⛺ **Nordnes Camping,** 8255 Røkland, ☎ 75 69 38 55, 📠 75 69 39 60. Schöner Platz mit Hütten südlich von Rognan am Fluß *Saltelva.* 💲

Der Campingplatz ist Ausgangspunkt für die Erkundung des Nationalparks

** **Saltfjell-Svartisen.** Längere Flußtouren durch dieses Gebiet sind wie ein Prolog zur Fahrt durch Nordnorwegen: seltene Pflanzen, Raubvögel und Rentiere zwischen Kalkfelsen und Hochmoor. Dazu Spuren früher samischer Besiedlung vor der Kulisse des mächtigen *Svartisen-Gletschers,* der auf alle Wanderer eine magische Anziehungskraft ausübt.

Hinter *Fauske,* 1202 km, schleusen Tunnel die Urlauber in Richtung Norden. Wer es weniger eilig hat: Der 8 km lange Steigen-Tunnel führt in ein arktisches Märchenland westlich der Pulsader E 6. Allein der Blick von

** **Steigen** hinüber zur Lofotwand ist den Abstecher (etwa 60 km einfach) wert; beruhigend oder aufregend, je nachdem, welche Farben Himmel und Meer gerade hervorzaubern. Dazu die Klippen und Sandstrände, die in den Vestfjord übergehen. Dieser Blick ist atemberaubend schön.

Sehr stolz sind die Einwohner von Steigen darauf, daß hier schon im Altertum viel los war – und daß die Spuren davon gut zu sehen sind: Grabhügel,

---

Sulitjelma – es war einmal ...

An der Landschaft ist wirklich nichts auszusetzen: Die Gletscherdecke von *Blåmannsisen* und *Sulitjelmabreen* mit dem 1913 m hohen Sulis-König hat sich an den spärlich bewachsenen Osthang des Tals herangeschoben. Die Cracks brechen von hier aus in die riesigen Nationalparks in Schweden auf. Sonst aber wird Sulitjelma, 44 km östlich von *Fauske* (s. u.) an der Straße 830 gelegen, meist rechts liegen gelassen. Eine Bergbausiedlung, ein See, über den eine Stahltrosse gespannt ist – Verfall und beklemmende Stille. Der Supermarkt wartet auf Stammkunden – Norweger, die in der verlassenen Arbeitersiedlung *Jacobsbakken* weiter oben im Wald ihr Sommerdomizil haben – und auf Reisende, die das Bergbaumuseum und die Schmelzhütte besuchen wollen. Im Hotel sitzen ein paar Männer, die die Einstellung der Erzproduktion 1991 noch immer nicht verdaut haben: Bis zu 500 000 Tonnen Erz jährlich waren schließlich kein Pappenstiel. Von der Zukunft wissen sie nur, daß der See auf ewig übersäuert ist. Er konnte die Abwässer aus der Erzgrube nicht vertragen.

Bautasteine, Wikingersiedlungen, ein Pfarrhof von 1884. Die mächtige Festung in *Bø*, die hier von der deutschen Wehrmacht zur Verteidigung der Hafenstadt Narvik erbaut wurde, ist mittlerweile wieder eine Attraktion – für Touristen.

⚠ **Brennviksanden Camping,** Brennvik, 8082 Leines, ☎ 75 77 85 19. Zeltplatz, geräumige Hütten, unter sehr freundlicher Leitung. Liegt an der Festlandseite der Halbinsel direkt am Sandstrand.

Das Birkebeinerstadion in Lillehammer.

Hamsuns Reich beginnt bereits hinter dem Berg * *Kråkmofjellet*. Im Hof *Kråkmo* am Fuß des Gipfels mit der charakteristischen Form eines Backenzahns schrieb Knut Hamsun Novellen und die ersten Kapitel seines bekanntesten Werkes „Segen der Erde". *Oppeid*, 14 km westlich der E 6, hat neben den Erinnerungen an Hamsun noch etwas ganz Besonderes zu bieten: Das Plumpsklo mit zweimal drei Sitzen im Heimatmuseum ist ein Beweis dafür, daß es auch im bäuerlichen Norwegen eine Klassengesellschaft gab. In * *Tranøy* am Nordzipfel der Gemeinde Hamarøy trägt die Galerie des Nordland-Malers Karl Erik Harr den Namen des Dichters. Der Leuchtturm von Tranøy ist heute ein uriges Gasthaus.

Eines der hölzernen Bauernhäuser im Gudbrandsdalen.

🛏 **Tranøy Fyr,** 8297 Tranøy, ☎ 75 77 21 00, 📠 75 77 22 00. Wer hier in die Federn steigt, nachdem er sich müde gesehen hat, sollte sich eine leichte Brise wünschen – aber nicht mehr! Ⓢ

Einsam in der kargen Landschaft liegt das Polarkreis-Postamt.

Narvik (etwa 1900 Einw.), 1445 km, ist ein eigenes Kapitel in der europäischen Geschichte. Darum beginnt der Stadtspaziergang an den riesigen Erzverladeanlagen und endet im Abteil der ** *Ofot-Bahn*, die bis zur schwedischen Grenze 45 Minuten, bis Kiruna zwei Stunden braucht. Die Eindrücke einer ebenso großartigen wie rauhen Land-

Eine Meridiankugel auf einer Säule markiert den Polarkreis.

ROUTE 6

schaft vermischen sich mit den Bildern vom *Kriegserinnerungsmuseum. Der eisfreie Hafen, die mühevolle Arbeit mit dem Bau der Bahnlinie, die Schlacht um die Stadt, von der nur Ruinen übrig sind, und dazu die Bilder eines modernen Narvik, das sich zu einem wirtschaftlichen Zentrum für Nordnorwegen und auch zu einem bekannten Alpinsportort entwickelt hat – diese Stadt wird sogar dem in Erinnerung bleiben, der sie nur am Rande auf einer Stippvisite „mitnimmt".

❶ Kongensgate 66, 8500 Narvik, 76 94 33 09.
🚆 Kiruna und Anbindung ans schwedische Eisenbahnnetz.

Vesterålen und Lofoten

Spätestens an der Brücke hinüber nach **Sortland**, 1646 km, stehen Entscheidungen an: Jede kleine Straße führt ans Meer, jeder Fjord ist nach Meinung der Einheimischen eine Perle – und in jedem Fischerdorf gibt es „*Rorbuer*", ehemalige Boots- und Netzehäuser, die heute als Ferienhäuser vermietet werden. Die Inseln der *Vesterålen* und *Lofoten* waren schon im 19. Jahrhundert beliebte Reiseziele, und weil die Menschen hier seit ewigen Zeiten von Fischerei und Handel leben, sind sie meist auch offener, leichter zugänglich als andere Norweger. Das wichtigste Plus dieser Inselgruppen ist die Natur; die Bergketten mit ihren spitzen Gipfeln, die sich im klaren Wasser des Nordmeeres spiegeln, locken schon seit langem Dichter, Musiker und – wie könnte es anders sein – vor allem Maler an.

***Andenes** im Norden der Vesterålen-Insel *Andøya* ist da keine Ausnahme, und die Walsafaris, die im Sommer täglich stattfinden, sind ja nicht nur wegen der Grauwale ein Erlebnis. Immerhin wird beim Ausflug aufs Nordmeer hinaus „Wal in Sicht" garantiert. Die Häuser in Andenes zeugen zudem von reichen Fischfängen. Daß es auch anders ausgehen kann, davon erzählt das ehemalige Fischerdorf

*****Nyksund** an der Nordwestspitze der Nachbarinsel. Das Nordmeer hat hier schon Löcher in die verlassenen Häuser gerissen, zwischen den Resten versuchen Idealisten, die eine oder andere „Rorbu" vor dem endgültigen Verfall zu retten. Nyksund ist nur eines von vielen Fischerdörfern in Nordnorwegen, die verlassen wurden. Zwar wollten hier Jugendliche aus mehreren Ländern Europas den Kampf mit den Naturgewalten aufnehmen, das Dorf wieder aufbauen und dort eine internationale Jugendbegegnungsstätte schaffen, aber alles deutet darauf hin, daß sie diesen Kampf verloren haben.

⚠ **Stave Café og Camping**, 8489 Nordmela (auf Andøya), 76 14 65 62. Am Sandstrand mit Blick aufs offene Meer. Einfache Zimmer und Hütten.

Schon von weitem grüßt die „Svolvær-Ziege" die Lofoten-Reisenden. Dieses Wahrzeichen der Lofoten-Hauptstadt **Svolvær** (ca. 4000 Einw.), 1720 km, einer von vielen Gipfeln auf den Lofoten, die auch wirklich so steil sind, wie sie aussehen. Der Ort selbst möchte offensichtlich gar nicht versuchen, in Sachen Schönheit mit der Umgebung zu konkurrieren. Dafür gibt es von dort viele Verbindungen zu den Höhepunkten einer Lofoten-Reise. Die Fähre hinüber nach

******Skrova** zum Beispiel, unter dessen 400 Einwohnern es keinen Walfang-Gegner gibt, denn hier lebt man vom Wal und erzählt gern von alten Tagen, als die Fangquoten noch nicht so rigoros waren und beim Einlaufen der Boote ein Fest gefeiert wurde.

***Kabelvåg** (1600 Einw.) ist bei der alljährlich zwischen Februar und April stattfindenden Lofot-Fischerei die absolute Hauptstadt Nordnorwegens. Noch heute kommen bis zu 10 000 Fischerboote dorthin. Ihre Besitzer wollen im Vestfjord ihren Anteil am Kabeljau fischen. Früher gingen die Fischer noch regelmäßig in die ***Kirche von*

ROUTE 6

Vågan, die größte Holzkirche nördlich von Trondheim – aber die Zeiten ändern sich.

Henningsvær, Napp, Nusfjord Stamsund, – an der Ostseite der Lofoten liegen die berühmten Fischerdörfer mit ihren bis zu 150 Jahre alten, schön restaurierten „Rorbuer", den verlockenden Fischrestaurants und den Cafés, in denen auch warmes Essen serviert wird. Unter dem Zacken des *Olstind wird bei

Hamnøy, 1833 km, die letzte der unzähligen Brücken auf den Lofoten überquert. Auch in Hamnøy, einem der ältesten Lofoten-Dörfer, stehen Trokkenfischstative. Kleine Fischkutter sind am Kai festgemacht, auf dem die Fischhalle und die ausgebauten Ruderhäuser stehen.

Überall auf den Lofoten kann man Trockenfisch-Gerüste sehen.

❶ Destination Lofoten, O. J. Kaarbøsgate 20, 8300 Svolvær, ☎ 76 07 30 00. Dort auch nähere Informationen über 🚌 Svolvær–Stamsund–Leknes–Å. ✈ Flugplätze in Stokmarknes, Svolvær und Leknes (Flüge von Bodø). 🚢 Bodø–Røst–Værøy–Moskenes; Bodø–Stamsund–Svolvær, Svolvær–Skutvik.

△ **Wulff-Nilsen Rorbuer,** Hamnøy, 8390 Reine, ☎ 76 09 23 20, 📠 76 09 21 54. Der Inhaber spricht Deutsch und hat gute Tips.

Å, 1846 km. Hier endet die Straße, es bleibt nur noch der Spaziergang zum *Lofotodden, der Südspitze der Inselgruppe. Der Blick von dort auf zwei Inseln ist verlockend, und manch einer verläßt die Fähre von *Moskenes* schon in *Værøy* oder *Røst*. Die anderen fahren zurück aufs Festland nach *Bodø*.

In den Lofoten-Häfen drängen sich die bunten Fischerboote.

Route 7

Helgeland – Landschaft der Superlative

Grong – Brønnøysund – Sandnessjøen – Bodø (560 km, 4 Tage)

Wärmender Golfstrom, eisige Gletscher, Felsformationen, die sich einfach nicht beschreiben lassen, ein regelrechter Schärengarten mit 12 000 Inseln, Sandstrände und blühende Wiesen, Gebirgswanderungen und Hochseeangeln, Fundgrube für Historiker und Ornithologen – und alles das ist Urlaub am Polarkreis!

Nicht die Menschen in Helgeland haben die Straße 17 zu einer der schönsten Strecken Europas erklärt. Sie sind herzlich und haben immer einen Witz auf Lager – das Schwärmen aber liegt ihnen nicht. Sie wissen ohnehin, was sie an ihrer Heimat haben.

Die Anfahrt zum Ausgangspunkt der Tour läßt sich variieren: Entweder verläßt man in Steinkjer die E 6, oder man fährt auf ihr bis nach Mo i Rana und zweigt erst dort nach Westen ab.

Zug- oder Busreisende nehmen am besten die Nordland-Bahn bis Mo, denn wo so viele Kilometer per Schiff bewältigt werden müssen, spielen Zeit und Reisekasse eine große Rolle.

Grong (2500 Einw.) ist Treffpunkt der Lachsangler, denn der *Namsen-Fluß* ist für seine kapitalen Lachse bekannt – und für die teure Angelerlaubnis.

Beim *Tømmeråsfossen* mit den Lachstreppen ist das Vergnügen billiger: Etwas Geduld ist allerdings nötig, um die Lachse beim Aufstieg beobachten zu können.

Die Straße 17 zweigt an der *Bjøra-Brücke* (20 km auf der Straße 760) nach Helgeland ab. Der Verkehr fließt so ruhig wie die Bäche und Flüsse. Auf der Straße 17 geht es bis nach

Nordlandskorsen, 101 km. Hier ist der definitive Einstieg in eine Region, die insgesamt 57 000 km Küstenlinie anbietet.

Ⓗ **Heilhornet Turisthotell,** 8930 Bindalseidet, ☎ und 🖷 75 03 16 01. Tirolerstil, direkt am Fjord, ruhige Lage, Zimmer ziemlich klein. Ⓢ

Brønnøysund (3000 Einw.), 190 km. Von hier aus ist ein Ausflug unter der Überschrift „Sagen und Geschichte in Helgeland" fällig: Mit einem Pfeil durchschoß der „Pferdemann" den Berg ** **Torghatten.** Das Ergebnis ist ein

Fähren an der Landesstraße 17

Die Route ist gespickt mit Fähren und muß deshalb (auch im Hinblick auf den Geldbeutel) gut geplant werden. Etwas preisgünstiger reisen die Besitzer eines Fährenpasses, der bei allen Touristeninformationen an der Straße 17 und der E6 in Nordland für 40 Kronen verkauft wird.

Die wichtigsten Fährverbindungen sind:

Holm–Vennesund, 20 Min., 15mal täglich (6.40–22.40 Uhr);

Horn–Andalsvågen, 15 Min., 10mal täglich (6.15–22 Uhr);

Forvik–Tjøtta, 60 Min., 10mal täglich (6.55–21.30 Uhr);

Levang–Nesna, 30 Min., 10mal täglich (6–20.10 Uhr);

Kilboghamn–Jektvik, 60 Min., 5mal täglich (8.30–21.30 Uhr);

Ågskardet–Forøy, 10 Min., 14mal täglich (5.40–23.15 Uhr).

160 m langes und 35 m tiefes Loch, das schon von Kaisern und Königen, in letzter Zeit aber vor allem von weniger noblen Touristen besucht wird. Der Weg zur Einstiegsöffnung bietet keine große Anstrengung.

🛈 Sør-Helgeland Turistinformasjon, Kaigate 2, 8900 Brønnøysund, ☎ 75 01 12 12, 📠 75 02 18 21; wichtigste Informationen über Helgeland.

🏨 **Torghatten Feriesenter,** 8900 Brønnøysund, ☎ 75 02 55 77, 📠 75 02 55 80. Modernes Haus, gute Lage. Tolle Aussicht, geräumige Zimmer und Hütten. ⓢ

Landschaft der Superlative: Helgeland.

** **Forvik/Vevelstad,** 218 km, ist in vielerlei Hinsicht typisch für Helgeland. Die Geschichte des Dorfes begann bereits vor vielen tausend Jahren: Felszeichnungen aus der jüngeren Eisenzeit und die Steinzeitsiedlung auf der vorgelagerten Insel *Hamnøy*, die durch den Flugsand immer weiter freigelegt wird, sind der Beweis dafür.

Die Kirche und sogar der Gasthof in der Ortschaft wurden vor etwa 200 Jahren erbaut, und allein schon aus diesem Grund ist 🏨 **Handelstedet Forvik,** 8976 Forvik, ☎ 75 03 71 31, 📠 75 03 72 88, eine Reiseunterbrechung wert. Der herrlich – mit Blick über den Fjord in Richtung auf „Die sieben Schwestern" – gelegene Gasthof wurde 1792 gebaut. ⓢ

Küste von Süd-Helgeland mit dem Torghatten.

Das kurze Stück Weg zwischen *Tjøtta* und Sandnessjøen führt durch das beste Ackerland in Nordnorwegen, und nördlich der Alpen gibt es kaum schönere Sandstrände als hier. Das Wasser ist glasklar, das Meer übersät mit unzähligen Inseln, praktisch unmittelbar daneben liegen die alpinen Fjellformationen,

Blick auf den malerisch gelegenen Fischerort Brønnøsund.

ROUTE 7

> ### **Die sieben Schwestern
>
> Im Westen das blaue Meer, die weißen Strände und der unendliche Horizont. Die sieben Bergspitzen im Osten sind „Die sieben Schwestern", der Sage nach einst Töchter des Sulitjelma-Königs, die sich auf der Flucht vor dem „Pferdemann" an dieser Stelle übermüdet niedersetzten und wie alle anderen Personen in dieser Geschichte zu Stein wurden, als die Sonnenstrahlen die Erde berührten.

deren Schatten sich am späten Abend auf das azurblaue Wasser legen.

Alstahaug, 237 km. Hier wirkte Petter Dass (1647–1707), ein Pfarrer und der einzige berühmte norwegische Dichter des 17. Jhs. Sein Geld verdiente er mit Fischhandel. Er schrieb Psalmen und Gedichte, die Sammlung „Nordlands Trompet" („Die Trompete des Nordlandes") ist eine Liebeserklärung an die Natur und die Menschen hier.

Sehenswert sind die Kirche, das *Petter-Dass-Museum*, die rotbemalten Häuser inmitten blühender Natur. **Die sieben Schwestern** (902–1066 m) kann man ohne Ausrüstung (auf markierten Wegen) besteigen (Rekord: knapp 4 Std.).

Worauf sind die Helgeländer stolz? Auf das *Phallussymbol auf der Insel *Dønna* vor *Sandnessjøen*? Auf die 1065 m lange „Helgelandsbrücke", die bei starkem Wind kräftig hin- und herschwingt? Auf die Bautasteine, die alten Gutshöfe, die modernen Fischzuchtanlagen? Jede Insel ist einen Besuch wert, aber nirgends gibt es so weite Sandstrände und einen so herrlichen Panoramablick wie auf *Dønna*, nirgendwo sonst so viele Fische wie um *Herøy*, nirgendwo sonst so viele Papageientaucher wie auf **Lovund**. Und über all dem thront auf der Insel *Hestmona* der 568m hohe **Hestmannen**, der „Pferdemann", der Krieger, dessen Pfeil so viel Unheil angerichtet hat – und der dann selbst zu Stein wurde. Die Besteigung dauert knapp zwei Stunden und ist bis auf ein kurzes Stück an einem steil abfallenden Abgrund entlang recht leicht.

Kilboghamn, 377 km. An solchen Fähranlegern macht das Warten Spaß. Die zwei Kilometer bis *Stensland am Melfjord sind ein gemütlicher Spaziergang. Wenn das Schiff schließlich am Fuß des *Værangfjords* festgemacht hat, ist es vorbei mit den flachen, blühenden Küstenstreifen. Dies ist die Landschaft des

Gletschers Svartisen. Das Teilstück von *Forøy*, 392 km, bis *Glomfjord*, 427 km, ist ideal geeignet für eine Übernachtung und eine Gletscherwanderung oder für die Fahrt auf dem **Holandsfjord** bis zum *Engabreen*.

🏨 **Halsa Gjestegård**, 8178 Halsa, ☎ 75 75 06 77, 📠 75 75 07 70. Klein, gemütlich, herrliche Aussicht aufs Nordmeer. Gäste werden von hier aus zum Svartisen gefahren. Ⓢ

*Ørnes, 446 km, und *Grimstad* sind idyllische Hafendörfer, die die Gipfel der Nordland-Gebirge auf Abstand halten und nach Westen, zur See hin ausgerichtet sind. Wandergebiete, Angelplätze, Bootsfahrten, Gipfelbesteigungen – der Abschied von Helgeland kann schweißtreibend sein, bevor diese Region am

Saltstraumen, 536 km, verlassen wird, einem großen Gezeitenstrom, der alle sechs Stunden riesige Wassermengen aus dem Meer in den inneren Teil des Saltfjords hinein- und wieder herauspreßt. Wer von der Brücke hinunterblickt, fühlt sich unweigerlich von den reißenden Wassermengen angesogen, wer unter den Felsen steht, hat gewöhnlich eine Angel in der Hand.

Bodø, 560 km (Schiffsverbindungen auf die Lofoten) ist schließlich die Endstation dieser vor allem an landschaftlichen Highlights so reichen Tour.

Route 8

Die unendliche Nordkalotte

Narvik – Alta – Olderfjord – Lakselv – Tana Bru – Karasjok – Alta (1277 km ohne Abstecher und Umwege, 8 Tage)

Zum Nordkap fährt man hoch – wer Glück hat, sieht die Mitternachtssonne – und fährt wieder weg.

Die Nordkalotte aber, das Gebiet nördlich des Polarkreises ist riesengroß: Es umfaßt die Finnmarksvidda, deren Endlosigkeit in den schwarzblauen Winternächten noch stärker zum Ausdruck kommt, die zerklüftete Eismeerküste und all die kleinen Orte, deren Architektur und Bewohner noch immer von der Politik der verbrannten Erde des Zweiten Weltkriegs geprägt sind. Die Kämpfe um den Erzausfuhrhafen Narvik 1940 zwischen den deutschen Invasoren und den Alliierten legte weite Teile der Stadt und des umliegenden Gebietes in Schutt und Asche. Dazu kommt das extreme Klima: Es kann richtig warm werden (über 25 °C), dann beißen die Riesenmücken, doch manchmal rollt das Nordlicht schon im Oktober über die eisig kalte Vidda.

„Weiße Nächte" gibt es im Januar und im Juni – im Januar ohne Sonne.

Weit oben im europäischen Norden kommt die Hurtigrute als wichtiges Bindeglied zwischen den Küstenorten voll zur Geltung. Was aber machen die Dörfer im Landesinneren? Was nützen Autos und Busse in schneereichen Wintern? Gott sei

Ein unvergeßliches Erlebnis: Sonnenuntergang am Lyngen-Fjord.

Nicht ganz so einfach zu erklimmen: „Die sieben Schwestern".

Die Gletscherzunge Østerdalsisen des imposanten Svartisen.

ROUTE 8

Dank gibt es Schneeskooter und Hubschrauber, die Technik ist lebenswichtig in der unendlichen Weite des hohen Nordens. Unendlichkeit erfordert Zeit, und ob mit dem Auto oder dem Bus – hier sind große Sprünge angesagt.

Straßen 84 und 86: Abstecher nach Senja

(289 km, 1 Tag extra)

Schon in *Fossbakken*, 61 km, zweigt eine dieser herrlichen Fjordstrecken nach Nordwesten ab – zur Insel

Senja.

Senja ist die größte, schönste und blühendste Insel Norwegens, der Fischreichtum in den windgeschützten Buchten und Fjorden ist unübertroffen – der Lokalpatriotismus der Einheimischen allerdings auch.

Der Golfstrom bewirkt eine üppige Vegetation, der **** *Nationalpark Ånderdalen* ** im Inselinneren ist ein Querschnitt durch die reiche Flora auf Senja.

🏨 **Gryllefjord Motell og Camping,** 9380 Gryllefjord, ☎ 77 85 61 22, modernes Gasthaus und *Rorbuer*. Hoher Standard. Bootsverleih. $⟫, Rorbuer $

Nordkjosbotn, 182 km. Hier zweigt die E 8 nach Tromsø (s. S. 52) ab, 25 km vor Tromsø, bei *Fagernes*, die Straße 91 nach Osten. Auf ihr kann man, wenn man genügend Zeit hat (mit Fährüberquerung des Ullsfjords), bis

** Lyngseidet fahren, wo die Fähre zur E 6 und nach *Olderdalen* ablegt (Länge dieses Umweges: 120 km ohne die beiden Fährfahrten).

Der Anblick der spitzen Gipfel der **** *Lyngen-Alpen* ** verursacht bei jedem Bergsteiger Kribbeln unter den Fußsohlen. Berge gibt es ja hier zuhauf, doch nirgendwo sonst ist die Komposition von Gebirgen und Fjorden großartiger.

⛴ Fähre Lyngseidet–Olderdalen, ca. alle 90 Minuten, Fahrtdauer 40 Minuten.

🏨 **Lyngseidet Hotell og Camping,** 9060 Lyngseidet, ☎ 77 71 04 00, 📠 77 71 05 32. Idyllische Lage mit Park. Sehr guter Service. $⟫, Bungalows $

Oder aber man bleibt in Nordkjosbotn auf der E 6 und fährt auf dem Landweg direkt nach *Olderdalen*, 296 km, wobei man die Lyngen-Alpen aus der Ferne bestaunen und die erste Wanderung ins Land der Samen machen kann.

Karvik, 394 km. Hier endet einer der landschaftlich schönsten Abschnitte an der gesamten E 6. Der Blick vom 402 m hohen *** *Kvænangsfjellet* ** hinüber zum Gletscher *Øksfjordjøkulen* ist selbst bei starkem Wind beruhigend. Die Natur ist hier voller Mystik und Mythen – dafür haben die Samen gesorgt.

Kåfjord (etwa 150 Einw.), 499 km, war ein wichtiger Bergwerksort, und hatte zwischen 1826 und 1878 fast so viele Einwohner wie Hammerfest. Im Fjord vor dem Dorf versuchte sich im Zweiten Weltkrieg das deutsche Schlachtschiff *Tirpitz* zu verstecken, wurde aber von britischen U-Booten aufgebracht, am 22. September 1943 auf der Flucht nach Tromsø von britischen Flugzeugen angegriffen, stark beschädigt und dort schließlich am 12. November 1944 versenkt. In Kåfjord beginnt die Wanderung zum **** *Nordlichtobservatorium* ** auf dem 904 m hohen Berg *Gille Haldde:* Von 1899 bis 1926 wurde es unter teilweise extremen Bedingungen ganzjährig betrieben. Schon der Weg als solcher lohnt die Anstrengung der dreistündigen Wanderung.

Alta (10 000 Einw.), 524 km, ist zwar Ausbildungszentrum der Provinz *Finnmark,* doch immer noch keine Stadt. Der Ort ist Schmelztiegel zwischen samischer und norwegischer Kultur. Beide Volksgruppen sind stolz auf

*** Hjemmeluft, das größte Felsbilderfeld nördlich von Italien. Bisher wur-

ROUTE 8

den mehr als 2000 Ritzungen entdeckt, die obersten Felder sind etwa 6200 Jahre alt. Schon die Felszeichnungen sind Grund genug, dem *Alta-Museum einen längeren Besuch abzustatten.

❶ Bossekopveien 1, 9500 Alta,
☏ 78 43 77 70.

🚌 „Express 2000": Hammerfest–Alta–Oslo (via Schweden), mittwochs und samstags.

Der 58 km lange Abstecher von *Skaidi*, 604 km, nach

* Hammerfest, ist nicht nur wegen der nördlichsten Stadt der Welt ein Muß. Schon die Fahrt selbst ist ein Erlebnis: Der lachsreiche *Repparfjorddelva* und der *Kvalsund brennen sich regelrecht in die Netzhaut ein. Hier oben ist das Wasser tiefblau, und eine Wanderung auf der Insel *Kvaløya* ist eine willkommene Abwechslung bei der Fahrt zum

*** Nordkap, Das wird dann von *Olderfjord*, 627 km, aus angesteuert: 107 Kilometer und eine Fährfahrt entfernt liegt auf 71° nördlicher Breite der Felsen, der auch bei schlechtem Wetter die Erwar-

Auch an Land geht die Arbeit weiter: Fischer am Lyngen-Fjord.

Blick auf Hammerfest, die nördlichste Stadt der Welt.

ROUTE 8

tungen erfüllt – dann jedoch durch die Fenster der trockenen und warmen, jedoch ansonsten wenig einladenden *Nordkaphalle*. Oft ist ein Besuch bei den Fischern in **Skarsvåg** schöner. Das Kap ist ja gleich um die Ecke, und oberhalb der Häuser auf den harten Flechten zu sitzen und über Dorf und Meer zu blicken, ist Erholung pur.

Nordkapp Turistheim, 9763 Skarsvåg, ☎ und 📠 78 47 52 67. Einfacher Standard, Aussicht aufs Meer, exzellente Fischgerichte.

Lakselv, 690 km. Hier steht die nächste Entscheidung an: Ist es kühl und regnerisch, geht es auf der E 6 direkt zur samischen Hauptstadt

Karasjok (1400 Einw., 74 km von Lakselv), weiter. Die Mücken sind dann keine Plage mehr, Menschen und Landschaft rücken näher heran, und die **Kirche**, das **Samische Museum** und das Restaurant *Samegammen* sind natürlich auch bei schlechtem Wetter lohnend.

Wenn allerdings der Sommer wirklich bis zur Finnmark vorgedrungen ist, ist die Straße 98 in Richtung **Tana Bru,** 900 km, vorzuziehen. „Das Land am Eismeer" mit den Fischerdörfern auf dem West- und Ostufer des *Tanafjords* ist das Ziel. Wer hier alt wird, ist auch hier geboren, kennt die Natur wie die eigene Westentasche und freut sich jedes Jahr wieder auf die Schauspiele, die sie hier zu bieten hat: auf den Eisgang auf dem Tana-Fluß zum Beispiel, der im April den kurzen Frühling einläutet, oder auf den schnellen Farbenwechsel, bevor der erste Schnee kommt.

Die Straße 98 endet am Eismeer. Sie verläuft durch die Provinzhauptstadt *Vadsø* (6000 Einw.) bis nach

Vardø (3000 Einw.), das im Revolutionsjahr 1789 die Stadtrechte bekam, aber schon seit 1307 Festung war. Die Kanonen auf den Festungsanlagen passen ebenso in das Grün der hügeligen Landschaft wie die gelb und rot bemalten Holzhäuser.

🛈 Festningsgate, 9950 Vardø, ☎ 78 98 82 70, 📠 78 98 97 68.
✈ Vardø und Vadsø werden täglich von Tromsø aus angeflogen.
⛺ **Vadsø Camping,** Fosseeien, 9800 Vadsø, ☎ 78 95 16 22, 📠 78 95 30 55. Einfacher Standard, sehr gefragt sind oft die Hütten.

Vor der langen Fahrt am *Tana-Fluß* und der finnischen Grenze entlang Richtung Karasjok und Kautokeino ist ein Abstecher nach

Kirkenes und weiter zur 64 km entfernten **Grense Jakobselv** (hin und zurück 410 km) ein lohnender, wenn auch zeitraubender Umweg bei dieser Tour durch die multikulturelle Gesellschaft der Nordkalotte. Selbst Menschen aus dem östlichen Nachbarland Rußland sind im Alltagsbild der Stadt keine Seltenheit mehr.

Kirkenes ist der nördlichste Hafen der Hurtigrute, die Barentssee liegt vor der Haustür, und immer mehr Passagiere entdecken die herrliche Landschaft hinter der Stadt. Die einen fahren zum **Pasvik-Nationalpark** im Dreiländereck Finnland-Rußland-Norwegen, die meisten aber zur russischen Grenze. Zwischen krummen weißen Birken zieht der *Jakobsfluß* dem Meer entgegen, an den Ufern tragen Lachsangler ihr privates Zweiländerturnier mit Siegerehrung aus, und das eine oder andere Rentier trabt langsam davon. Norwegens östlichster Punkt ist ein großes Erlebnis voller Überraschungen.

⛺ **Storfossen Camping,** Storfossen, 9845 Tana, ☎ 78 92 88 37. 30 km südlich von Tana Bru, rauschende Wassermassen gleich nebenan. Platz wie Landschaft großartig. Hütten.

Auf der E 6 geht es noch einmal über *Karasjok* (s. oben), 1081 km, zur Abzweigung der Straße 93, 1178 km, nach Norden. Nach weiteren 99 km schließt sich der Kreis wieder in

Alta, 1277 km, dem Ausgangspunkt der ausgedehnten Rundfahrt und Endpunkt der Route.

Praktische Hinweise von A–Z

Ärztliche Versorgung

Wer krank wird oder sich verletzt, für den sind die Arztstationen *(legevakt)* die erste Adresse. Es gibt sie in allen Städten und größeren Dörfern. Nach der Behandlung wird sofort bar oder mit Scheck bezahlt. Bei längerer ärztlicher Behandlung ist eine Versicherungsbescheinigung der Krankenkasse des Heimatlandes vorzulegen. Reisekrankenversicherung wird empfohlen.

Alkohol

ist in Norwegen sehr teuer, und nicht jedes Restaurant hat das Schankrecht. In Städten ist davon am wenigsten zu spüren. Wein und Spirituosen werden nur in den sog. Vinmonopolet verkauft, die in ländlichen Gebieten von sehr weit voneinander entfernt liegen.

Autofahren

Benzin ist in Norwegen teurer als in allen anderen Ländern Europas. Um die großen Städte herum, vor langen Brücken, Tunneln und an einigen abgelegenen Paßstraßen wird eine Mautgebühr verlangt.

Bei Geschwindigkeitsüberschreitungen drohen hohe Bußgeldstrafen. Auch vor den ausländischen Nummernschildern schreckt die Polizei nicht zurück.

Die Promillegrenze ist 0,5 Bei Überschreitung hohe Geldstrafen.

Ausrüstung und Gepäck

Kleidung sollte auch im Sommer für jede Jahreszeit eingepackt werden (für Wanderer ist ein guter Regenschutz notwendig).

Banken

Geöffnet werktags 8.30–15.30, donnerstags bis 17 Uhr.

Devisenbestimmungen

Bei Ein- und Ausreise sind Devisen bis zu 25 000 Kronen erlaubt.

Diplomatische Vertretungen

Botschaft der Bundesrepublik Deutschland: Oscarsgate 45, N-0258 Oslo, ☎ 22 55 20 10, 📠 22 44 76 72;
Botschaft der Schweiz: Bygdøy Allé 78, N-0268 Oslo 2, ☎ 22 43 05 90, 📠 22 44 63 50;
Botschaft der Republik Österreich: Sophus Lies gate 2, N-0244 Oslo 2, ☎ 22 55 23 48, 📠 22 55 43 61.

Deutsche Honorarkonsulate gibt es in Ålesund, Bergen, Bodø, Haugesund, Kirkenes, Kristiansand, Kristiansund, Sandefjord, Skien, Stavanger, Svolvær, Tromsø und Trondheim.

Einreise

Visum (auch für Schweizer und Österreicher) nicht nötig. Paß oder Personalausweis genügen. Die Paßkontrolle findet an der norwegischen Grenze statt.

Feiertage

Alle evangelischen Feiertage wie in Deutschland sowie Gründonnerstag (Geschäfte ab Mittwoch 14 Uhr geschl.) und 17. Mai (Nationalfeiertag).

Fischereischeine

Grundsätzlich ist zum Fischen ein Fischereischein (bei den Postämtern) erforderlich, für Forellen- und Lachsflüsse außerdem ein Angelschein, den man von den Grundeigentümern erhält.

Geld und Währung

Währungseinheit ist die Norwegische Krone (nkr) = 100 Øre. Es gibt 1000-, 500-, 100- und 50-Kronen-Scheine, 10-, 5- und 1-Kronen-Münzen sowie 50-Øre-Münzen. 100 nkr entsprachen

PRAKTISCHE HINWEISE VON A–Z

bei Redaktionsschluß des Bandes etwa 23 DM. Es kann mit Eurocheque bezahlt werden. Internationale Schecks und Kreditkarten werden akzeptiert.

Haustiere

Das Mitnehmen von lebenden Tieren nach Norwegen ist verboten. Ausnahme: nach vorheriger langer Quarantäne.

Informationen

Norwegisches Fremdenverkehrsamt, Mundsburger Damm 27, 22087 Hamburg, ☎ 0 40/22 71 08 10, 📠 22 71 08 15; Deutsch-Norwegische Gesellschaft, Hermann-Milde-Str. 2, 53129 Bonn, ☎ 02 28/23 16 64.

Mehrwertsteuer

Für in Tax-free-Geschäften gekaufte Waren wird bei Vorlage eines ausgefüllten Formulars die Mehrwertsteuer an der Grenze erstattet.

Netzspannung

220 V Wechselspannung.

Notruf-Telefonnummern

Von Region zu Region verschieden, aber auf Seite 2 der Telefonbücher mit internationalen Symbolen aufgeführt.

Öffnungszeiten

Geschäfte sind mindestens von 9–16.30, meistens bis 20 Uhr, geöffnet; samstags 10–16 (18) Uhr; Banken haben werktags von 8.30–15.30, Do bis 17 Uhr geöffnet.

Geschlossen ist an Neujahr, Gründonnerstag (Geschäfte ab Mittwoch 14 Uhr geschlossen), Karfreitag, Ostermontag, 1. Mai (Tag der Arbeit), 17. Mai (Unabhängigkeits- oder Verfassungstag), Himmelfahrt, Pfingstmontag, Erster und Zweiter Weihnachtsfeiertag.

Postgebühren

Postkarten und Briefe ins Ausland kosten 4,50 Kronen.

Rauchverbot

besteht generell in öffentlichen Räumen und in Flugzeugen. Restaurants haben Nichtraucherbereiche.

Souvenirs

Auch in Norwegen gibt es Nippes – wie Trolle und andere Kitschfiguren. Aber nützliche Souvenirartikel, vor allem Wollkleidung mit den bekannten Norwegermustern, dominieren.

Taxis

Großes Angebot in den Städten, aber ziemlich teuer (10 km ca. 30 DM). Sonn- und Feiertagzuschlag 35 %.

Telefon

Telefonkarten bei allen Narvesen-Kiosken (Kioske des Narvesen-Konzerns mit stilisiertem N auf dem Dach). Münzfernsprecher nehmen 1-, 5- und 10-nkr-Münzen an. Vorwahl Norwegen 47, telefonieren aus Norwegen 0 95 + Landesvorwahl (Deutschland: 0 95 49, Österreich: 0 95 43, Schweiz: 0 95 41). In Norwegen sind alle Telefonnummern achtstellig. Es gibt keine Ortsvorwahl!

Zelten

ist nach dem „Jedermannsrecht" generell erlaubt. Schilder mit der Aufschrift „Privat" oder „Camping forbud" sind zu beachten. Übersicht über die mehr als 1000 Campingplätze bei Norges Automobilforbund, Boks 494, Sentrum, N-0105 Oslo, ☎ 22 34 14 00.

Zollbestimmungen

Erlaubte Einfuhr: 1 l Spirituosen (bis 60 Vol.-%) + 1 l Wein (bis 22 Vol.-%) oder 2 l Wein (Mindestalter: 20 Jahre), 200 Zigaretten (ab 16 Jahren). Lebensmittel dürfen nur als Konserven eingeführt werden; 3 kg Frischfleisch zum eigenen Verzehr sind erlaubt. Erlaubt ist auch die Einfuhr einer Foto-/Videoausrüstung, eines tragbaren Computers (auch Laptop, Notebook) und einer Reiseschreibmaschine.

Register

Die norwegischen Buchstaben æ, ø und å sind unter a und o eingereiht.

Sachregister

Å 85
Aksla, Burg 79
Ålesund 28, 76, 79
Alstahaug 88
Alta 34, 90, 92
Andenes 84
Anderdalen, Nationalpark 90
Astruptunet, Hof 58
Atlantikstraße 60

Balestrand 76
Begby 66
Beitostølen 77
Bergen 16, 24, 32, 34, 41ff., 64
Beseggen 77
Bjørkedalen 59
Bø 83
Bodø 34, 80, 88
Bølareinen 81
Børgefjell-Nationalpark 81
Borgund 22
Bøverdal 78
Brekke 10, 58
Brønnøysund 86
Byrkjelo 58

Christiania 35, 49

Dagal 72
Dalen 72
Dalsnibba 78
Dombås 80
Dønna, Insel 88
Dovrefjell-Gebirge 10, 26, 77, 80

Eidfjord 74
Eidsfoss 72
Eidsvoll 20, 67

Fagernes 76, 90
Fantoft, Stabkirche 44
Fauske 34, 80, 82
Fedje 56
Femund-See 69
Femundmarka, Nationalpark 69
Finnmark 10, 14, 90
Finse 27, 73
Fjellstue Kongsvold 80
Flåm 74
Folgefonn, Gletscher 65

Förde 58
Forvik 87
Fossbakken 90
Fredrikstad 66

Gaula, Fluß 81
Gaustafjell 62
Geilo 11, 28, 73
Geiranger 78
Geirangerfjord 78
Gimle gård 47
Gjendesheim 77
Glesvær 65
Glomma, Fluß 19, 66, 68
Grense Jakobselv 92
Grimstad 70, 88
Grong 81, 86
Grøtfjord 53
Gudbrandsdalen 80
Gudvangen 74

Håholmen 60
Hamar 68
Hammerfest 9, 91
Hamnøy, Insel 85, 87
Hamsuns Reich 83
Hardangerfjord 34, 61, 64
Hardangerjøkulen, Gletscher 73
Hardangervidda 10, 12, 28, 65, 70, 73
Harstad 23
Haugastøl 73
Haukeligrend 64
Heddal 22, 63
Helgeland 34, 86
Hemsedal 11, 28
Herøy 88
Hestmannen, Berg 88
Hestmona, Insel 88
Hjemmeluft 90
Hjertgøya 60
Holandsfjord 88
Holmenkollen-Schanze 40
Hornnes 66
Hurtigrute 33
Hvitsten 67

Isterfossen 69

Jacobsbakken 82
Jan Mayen 8
Jostedalsbreen 13, 28, 58, 76
Jotunheimen-Gebirge 28, 77

Kabelvåg 84
Kåfjord 90
Karasjok 14, 23, 92
Karvik 90
Kautokeino 23
Kilboghamn 88
Kinsarvik 64
Kirkenes 34, 92
Kiruna 83
Kjeåsen, Hof 74

Kollnes 65
Kongsberg 23, 24, 61
Kristiansand 32, 46
Kristiansund 28, 60
Kvaløya, Insel 91

Lågen 72
Lakselv 92
Larvik 32, 72
Låtefossen 64
Lillehammer 11, 28, 80
Lindesnes 46
Lofoten 12, 34, 80, 84
Lofthus 64
Longyearbyen 8
Lovund 88
Lyngen-Alpen 90
Lyngør 71
Lyngseidet 90
Lyngstøylvantet, See 78
Lysefjord 56

Måbødalen 74
Mår, Kraftwerk 62
Melbu 23
Minnesund 68
Mjøsa 19, 67
Mo i Rana 81, 86
Molde 23, 24, 60
Morgedal 64
Moss 34
Myrdal 27, 74

Narvik 34, 80, 83
Norangsfjorden 78
Nordfjord 34
Nordfjordeid 76
Nordkalotte 89
Nordkap 34, 46, 89, 91
Nordlandskorsen 86
Nordlichtobservatorium 90
Nordmarka 36
Nordmøre, Region 60
Norheimsund 64
Numedal 72
Nyksund 84

Odda 64
Ofot-Bahn 83
Olderdalen 90
Oppeid 83
Orkanger 60
Ørnes 88
Ørsta 59, 79
Oslo 9, 14, 18, 19, 23, 24, 32, 34, 35ff.
Oslofjord 67
Østerdalen 66, 68
Ostfold, Region 26

Pasvik-Nationalpark 13, 92
Polarsirkelen 82
Porsgrunn 72
Predigtstuhl 56

Reinheimen 80

REGISTER

Rennesøyy 58
Rindal 60
Risør 23, 71
Rjukan 62
Rødberg 72
Rogaland 54
Røldal 64
Rondane-Gebirge 13, 68, 80
Røros 70
Runde, Vogelinsel 59
Ryfylke, Region 27

Sæbø 78
Saggrenda-Gruben 61
Saltfjell-Gebirge 11, 13, 14, 82
Saltfjell-Svartisen, Nationalpark 82
Saltstraumen 88
Samen 14
Sandvikvåg 58
Seljord 63
Senja, Insel 90
Setesdalen 64
Sieben Schwestern, Die 88
Simadalen, Kraftwerk 74
Sjøholt 79
Skagerrak 71
Skaidi 91
Skarsvåg 92
Skien 72
Skjærsholmane 58
Sjøholt 79
Skridulaub-Gletscher 78
Skrova 84
Snøhetta, Berg 81
Sognefjord 10, 74
Solberg 66
Sørfjord 64
Sørlandet 70
Sortland 84
Sotra, Insel 65
Spitzbergen 8
Stalheimsfossen 74
Stalheimskleivi 74
Statlandet 76
Stavanger 23, 27, 34, 54, 55
Steigen 82
Stensland 88
Stiklestad 23, 48
Storfjord 34
Straumhella 52

Sulitjelma 82
Sundvollen 76
Sunnmøre, Region 59
Svalbard 8, 12
Svartisen, Gletscher 28, 88
Svolvær 84

Tana Bru 92
Telavåg 65
Telemark 61, 62, 63, 72
Telemarks-Kanal 72
Tømmeråsfossen 86
Torghatten 86
Totak-See 63
Tranøy 83
Troldhaugen 44
Trollkirche 60
Trollstigen 79
Tromsø 9, 14, 23, 34, 52ff., 90
Tromvik 53
Trondheim 20, 26, 48ff., 80, 81
Trysil 28
Trysilfjellet 69
Tvedestrand 71
Tyrifjorden 76
Tyssedal 65

Ulefoss 72
Urnes 22
Utne 64
Utstein, Kloster 58
Uvdal, Stabkirche 72

Vadheim 58
Vadsø 92
Valldal 79
Vangsnes 76
Vangsvatnet, See 76
Vansjø 67
Vardø 92
Vassenden 58
Vasstulan 72
Våtedal 58
Velvestad 87
Vesterålen 12, 23, 34, 84
Vidda-Naturzentrum 74
Volda 59
Vøringfossen 74
Voss 23, 24, 76
Vrangfoss 72

Weib, Das 76

Westkap 70, 76

Personenregister

Ambjørnsen, Ingmar 22
Amundsen, Roald 52
Anker, Carsten 67
Asbjørnson, Peter Chr. 21
Askildsen, Kjell 22
Astrup, Nikolai 58

Brantenberg, Gerd 22

Christian IV. 35, 36, 46
Collett, Camilla 22

Dass, Petter 88
Dahl, J. C. 22

Egner, Torbjørn 22, 47

Faldbakken, Knut 22

Gaarder, Jostein 22
Grieg, Edvard 21, 24, 44, 64
Gude, Hans Friedrich 22
Gulranssen, Trygve 68

Håkon V. 35
Håkonsson, Håkon 68
Hamsun, K. 9, 21, 22, 40, 83
Hansen, Armauer 44
Harald V. 18, 19
Haraldsson, Olav 48
Harr, Karl Erik 83

Ibsen, Hendrik 21, 70

Moe, Jørgen 21
Munch, Edvard 21, 22

Nerdrum, Odd 23

Skram, Amalie 22
Staalesen, Gunnar 22, 41

Tidemand, Adolph 22
Tryggvason, Olav 20

Vestly, Anne Cath. 22
Vigeland, Gustav 24
Vik, Bjørg 23

Wassmo, Herbjørg 22
Weidemann, Jakob 23
Widerberg, Franz 23

Bildnachweis

Alle Fotos G. Jung außer Archiv für Kunst und Geschichte: 21/1-3, 23/2, 71/1. Hedmarksmuseet: 31/3, 67, 69/1, 73/4. H. Klüche: 33/1, 41/1, 45/3, 53/1, 55/3, 59/3-4, 61/1, 71/2-3, 75, 77/2, 89/2. J.-U. Kumpsch: 21/1, 59/1, 65/2. E. Mostue: 69/2-3, 83/1. D. Pugh: 1, 55/1, 61/1, 73/2-3, 85/1, 87/1. S. Stein: 93/2-4. S. Timm-Tegethoff: 9/3, 17/1, 27/1, 27/3, 29/1, 31/1, 59/2, 61/2-3, 63/2-3, 65/1, 73/1, 77/1. K. Thiele: 15/2, 15/4. Tony Stone/Arnulf Husmo: Umschlag (Bild). Bernd Ducke/Superbild: Umschlag (Flagge).